www.tredition.de

AF203679

Resa Fary

Entscheidung
für Deutschland

Eine Biographie

www.tredition.de

© 2016 Resa Fary

Verlag: tredition GmbH, Hamburg

ISBN
Paperback: 978-3-7345-3048-7
Hardcover: 978-3-7345-3049-4

Printed in Germany

Für meine Kinder und Enkel

Kapitel 1

Als ich am fünfzehnten Juni 1965 im Reisebus nach München meinen Platz eingenommen hatte, sah ich in den Augen meines Vaters, der draußen stand und von dem ich mich gerade verabschiedet hatte, Tränen und Nachdenklichkeit, obwohl sich in seinem zurückhaltend lächelnden Gesicht auch eine gewisse Heiterkeit verbarg. Mein Vater hatte mir als Abschiedsworte gewünscht, dass ich mit meinem Fleiß und Willen mein Studium in möglichst kurzer Zeit abschließen und nach Hause zurückkommen möge.

Draußen standen auch mein Bruder und zwei weitere Freunde von ihm, die ebenfalls zu meiner Verabschiedung erschienen waren. Sie hatten für mich Bücher von Hafiz und Khayyam als Abschiedsgeschenke mitgebracht und mir bei der Geschenkübergabe versichert, dass bei Heimweh die Gedichte von Hafez und Khayyam wohl den notwendigen Trost und Rat bringen würden. Die Bücher dieser beiden großen Dichter der klassischen persischen Literatur gehören wie selbstverständlich zu jedem persischen Haushalt.

Ich hatte einen Platz in der ersten Reihe im Reisebus gebucht, obwohl dafür ein Aufpreis zu zahlen gewesen war. Der hellblau-weiße Bus der iranischen Reise- und Transportgesellschaft T.B.T. bediente gemeinsam mit dem deutschen Reiseunternehmen Touring die Route Teheran-München regelmäßig wöchentlich. Langsam füllte sich der Bus und von allen Seiten waren laut die Abschiedsworte und Gute-Reise-Wünsche zu vernehmen. Ich winkte immer wieder meinem Vater und Bruder zu und dabei ging der Gedanke durch meinen Kopf, ob nicht dieser Abschied der Anfang einer Trennung für immer war. Als sich der Bus mit einem langen Hornsignal in Bewegung setzte, schossen mir die Tränen aus den Augen, und ich verfiel in eine tiefe Nachdenklichkeit. Ich dachte an meine Kindheit in Gonabad und an unseren Hausdiener Hossein.

Kapitel 2

Wir wurden als Kinder sehr behütet. So mussten wir zum Beispiel vor Einbruch der Dunkelheit zu Hause sein. War es in Ausnahmen später, schickte meine Mutter Hossein, um uns abzuholen. Wir siezten unsere Eltern und wagten nicht, ihnen gegenüber frech zu werden. Ich galt allgemein als unproblematisch. Im Sternkreiszeichen des Zwillings und früher als berechnet geboren, war meine Mutter der Ansicht, dass es Glück bringe, wenn ich dem, was sie gerade beginnen wollte, meinen Segen erteilte. Wollte sie beispielsweise einen Pullover stricken, so sollte ich das Wollgarn einmal berühren.

Als Kind war ich oft mit Hossein zusammen und half ihm bei seinen Routinearbeiten. Er erledigte vielfältige Tätigkeiten im Haus und Garten. Er war ein kleiner Mann mit traurig blickenden Augen, aber mit einem Herz voller Liebe und menschlicher Nähe. Hossein war schon da, als die meisten von uns Kindern noch gar nicht geboren waren. Mein Vater hatte ihn gleich, nachdem er meine Mutter geheiratet hatte, als Hausdiener ins Haus gebracht. Er war so im Lauf der Zeit ein Mann für Alles geworden. Er kochte, machte den Hof und Außenbereich des Hauses sauber, kaufte täglich ein, beaufsichtigte uns Kinder, besorgte das Heizen der Räume im Winter, kümmerte sich im Sommer um den Garten und die Obstbäume und sah, dass die Kühe im Stall von einem Bauer gepflegt wurden. Selbst die Ernte von den vielen Ländereien meiner Eltern, darunter Trauben, Baumwolle, Safran, Aprikosen, Mandeln, Getreide und vieles mehr wurde unter seiner Aufsicht von den Bauern erledigt.

Als mein Vater Hossein als Hausdiener verpflichtete, muss er wohl ungefähr achtzehn Jahre alt gewesen sein, fast gleichaltrig mit meiner Mutter. Aus welchem Ort er stammte, haben wir Kinder erst erfahren, als wir erwachsen waren. Das Dorf hieß Yoncí. Aber ich weiß bis heute nicht, wo es genau lag. Wir haben auch nie erfahren, ob er einen Familiennamen hatte und kannten auch keine Verwandten von ihm. Er war also einer von uns geworden und wurde auch von fremden Menschen als *Hossein Agha* angesprochen. Er war zeit seines Lebens ledig. Ich weiß nicht, ob er je eine Frau begehrt oder Liebe zu einer Frau empfunden hatte. In unserem Haus war, soweit ich mich erinnern kann, immer auch ein Dienstmädchen tätig. Sie kamen, blieben ein oder zwei Jahre und gingen dann wieder zu ihren Familien zurück. Der Grund für den häufigen Wechsel war in der Regel die Unzufriedenheit meiner Mutter mit ihnen. Diese Mädchen kamen aus entlegenen Dörfern und sehr ärmlichen Familien und es war nötig, sie mit allen erdenklichen Dingen erst bekannt zu machen. So waren ihnen zum Beispiel die Haushaltsgegenstände kaum bekannt, da sie dies nie zuvor gesehen hatten. Die eigene Körperpflege war ein ewiges Thema. Oft hatten sie Läuse in den Haaren und mussten entlaust werden und es war wichtig, dass sie sich dann regelmäßig wuschen und pflegten. Auch das klappte nicht gut. Die Sprache war zumindest am Anfang und für eine Weile ein Problem, da sie nur Dialekt sprachen. Ob Hossein jemals eines von diesen Mädchen angefasst hat oder gar begehrt hat, ist zu verneinen. Für ihn waren sie wie seine eigenen Töchter. Geld spielte für ihn keine besondere Rolle. Ich weiß nicht, ob er regelmäßig ein Salär erhielt. Das war für ihn auch nicht so wichtig, denn er konnte ja alles haben, wenn er es nur gewollt hätte. Er interessierte sich für Politik und vertrat die Meinung, dass alles Elend im Iran eine Folge des Spiels der Weltmächte England (*Engelis*), Russland (*Russiye*), Preußen (*Pros*) und Österreich (*Oros*) war. Seiner Theorie entsprach zumindest die Tatsache, dass England und Russland den im zweiten Weltkrieg offiziell neutralen Iran besetzten und unter sich aufteilten. Hossein hatte sicher immer viel zu tun. Wenn er zum Beispiel ein Fass Brennöl (*Naft*) von der Tankstelle abholte, ging ich mit ihm. Auf dem Hinweg rollte er das leere Fass zur Tankstelle und tauschte es dort gegen ein volles Fass aus. Dann rollte er das volle Fass wieder nach Hause und stellte es an seinen festen Platz und schraubte den Hahn daran. Die Kühe, die im Stall gehalten und von den Bauern versorgt wurden, wurden manchmal zur Besamung zu einem Bauer getrieben, der einen Bullen besaß. Einmal war ich dabei, als der Bulle unsere Kuh bestieg. Das war für mich der erste Sexualkundeunterricht. Hossein hat es dann, wenn auch etwas verschmitzt, gut erklärt. Wir hatten so viel Obst im Garten, dass ein Teil verkauft werden musste, bevor es schlecht wurde. Der Obst- und Gemüsehändler war öfter bei uns, um es zu bezahlen und mitzunehmen. Sein Junge war in meinem Alter und in derselben Schulklasse. Hossein verhandelte um Pfennige mit dem Händler, und dieser behauptete wiederholend, dass er es für den Preis nicht weiterverkaufen könne. Der Händler und sein Sohn taten mir jedes Mal Leid. Ich hätte ihm das Obst billiger gelassen, aber Hossein erklärte mir dann, dass der Händler nur ein Schauspiel veranstalte und mein Mitleid nicht berechtigt sei. Alle paar Wochen musste das Wasserbecken im Hof geleert und gereinigt werden. Wenn Hossein dafür Zeit hatte, war es eine wunderbare Beschäftigung, das Wasser aus dem Becken eimerweise zu nehmen und in den um das Becken fließenden Bach zu kippen. Wir stiegen dann in das Becken und hatten einen Riesenspaß. Wenn es allerdings anschließend galt, die Beckenwände mit einer Bürste zu reinigen, hatten wir keine Lust und Hossein erledigte die Arbeit allein.

Ich hatte als Kind riesige Angst vor Eidechsen. Es gab sie in der Stadt überall. Sie waren vor allem an den Wänden und in den Rissen darin zu sehen. Hossein meinte, die Eidechsen seien bestrebt, die Zähne von Menschen zu sehen und zu zählen. Hat eine Eidechse die Zähne zu sehen bekommen, müsse der Mensch so schnell es geht zu einer Wasserstelle laufen und das Wasser berühren. Schaffe er dies, sei alles gut. Schaffe er es nicht, müsse er sterben, es sei denn, es gelinge, einen Esel auf das Dach des Hauses zu bringen. Die Vorstellung, dass eine Eidechse meine Zähne sehen könnte, erzeugte in mir jedes Mal, wenn ich eine Eidechse gesehen hatte, große Panik, und ich lief tatsächlich zum Wasser. Die zweite Bedingung mit dem Esel auf dem Dach hielt ich bei der Bauweise unseres Hauses für nicht erfüllbar, da ein Esel auf keinen Fall in den Aufgang zum Dach passte.

Die Dienstmädchen in unserem Haus kamen aus entlegenen Dörfern, waren abergläubisch und hatten Angstphantasien, die sie uns Kindern auch erzählten, wenn sie uns beaufsichtigten und wir ihnen nicht folgten. Die schlimmsten Drohungen waren die mit den Kobolden (*Dschinnen*), die in der Dunkelheit zu allem fähig waren. Wir waren dann auch sehr ruhig und gefügig. Weitere Drohungen waren Geschichten über den Friedhof. Daher sind mir Friedhöfe noch heute nicht geheuer. Einmal war ich, als ich in Aachen studierte, mit der Straßenbahn in die holländische Grenzstadt Vaals gefahren. Als ich wieder zurück nach Aachen fahren wollte, war die letzte Straßenbahn weg. Es blieb mir nichts anderes übrig, als diesen Weg von acht Kilometern zu Fuß zu laufen. Das Problem war, dass man unterwegs an einem Friedhof vorbeigehen musste. Als ich im Bereich des Friedhofs angekommen war, fing ich zur Überwindung meiner Angst an, laut zu singen und zu laufen und war froh, als ich die ersten Häuser in Aachen erreicht hatte.

Wir hatten in unserem Haus großartige Spielmöglichkeiten. Es gab große Bäume zum Klettern. Das Haus war groß. Man konnte Fahrrad fahren und Kunststücke damit proben. Man konnte im Wasserbecken spielen. Besonders schön war aber, dass hinter dem Haus große Flächen für uns Kinder zur Verfügung standen, um dort eigene Phantasien in Spiele umzusetzen. Mit meinen Brüdern, die drei bzw. vier Jahre älter waren, bauten wir zum Beispiel einmal eine kleine Stadt in Miniformat. Die Straßen dieses Städtchens haben wir dann mit Laternen bestückt und konnten über den Dynamo unserer Fahrräder die Beleuchtung realisieren. Wir spielten gerne mit kleinen Autos, die wir durch die Straßen schoben. Später, als meine Brüder nicht mehr mit mir spielten, bastelte ich gerne Autos aus Holz, die man beladen und an einer Schnur hinter sich herziehen konnte. Einmal kam ich auf die Idee, kleine Tiere, die ich im Garten sah, genauer zu untersuchen. Meine ersten Opfer waren Frösche. Um den Frosch bei der Untersuchung ruhigzustellen, ging ich mit ihm zum städtischen Krankenhaus und fragte nach einem Arzt. Er kannte meinen Vater sehr gut, so nahm er mich in sein Büro und zeigte mir, wie das Bewusstsein eines Tieres ausgeschaltet werden konnte. Er nahm eine feine Nadel und sagte, jetzt müsse er mit den Augen als Grundlinie ein gleichschenkliges Dreieck bilden und dort, wo sich die beiden Schenkel treffen, sei mit der Nadel zu stechen. Das habe ich anschließend ein paar Mal versucht und den Frosch auch durchgeschnitten. Das war grausam.

Ich habe oft allein gespielt. Auch dann, als Fußballspielen die große Leidenschaft aller Jungen war. Wenn mich einige Jungs abholten, schob ich einen Grund vor, um nicht mit ihnen gehen zu müssen. Das Fußballspielen war nicht so schlimm, aber danach ärgerten sich alle gegenseitig und ich mochte es überhaupt nicht. Dafür entdeckte ich nun zunehmend Bücher als Ersatz. Davon hatte mein Vater eine ganze Menge, die ich heimlich las. Auch entdeckte ich langsam das Radio als eine interessante Beschäftigung vor allem in den dreimonatigen Sommerferien. Ich merkte mir die Zeiten, wann Bücher vorgelesen und Hörspiele und Kriminalserien gesendet wurden. Die erste Kriminalserie hieß Johny Dollar und war sehr spannend. Ein Hörspiel, das einmal in der Woche donnerstags um zwanzig Uhr gesendet wurde, waren die Briefe eines Soldaten, der aus einem entlegenen Dorf gemäß des damals im Iran herrschenden Wehrdienstgesetzes rekrutiert worden war und seinen soldatischen Dienst an der Waffe in Teheran leistete, an seine Familie. Darin erzählte er seine Begegnung mit der Moderne und wie er alles um sich herum sah. Natürlich war er erfüllt von Heimweh und der Sehnsucht nach Familie, Freunden und dörflicher Gemeinschaft.

Zu dieser Zeit interessierten mich langsam auch die Klassiker der iranischen Dichtung und Poesie zunehmend, so zum Beispiel die Bücher von Hafez, Saadi, Khayyam, Nezami, Biruni, Razi, ObeydeSakani, Hedayat, um nur ein paar Namen zu nennen. Hedayats „Bufe Kur" (Die blinde Eule) beeindruckte mich sehr, vor allem auch, weil Hedayat als erfolgreichster neuer iranischer Schriftsteller der Neuzeit vor Verzweiflung Selbstmord begangen hatte. Ich habe sein Grab im Friedhof Per Lachaise in Paris besucht. Inspiriert durch die Erzählungen meines Bruders über ein Buch, das der Schriftsteller

Hedjasi, geschrieben hatte, gab ich mein ganzes Geld aus, um das Buch zu kaufen. Das Buch war mit „Steinchen im Schuh" betitelt und voller philosophischer Lehrsätze. Wenn du mal ein Steinchen in deinem Schuh spürst, so bleibe stehen, ziehe deinen Schuh aus und entferne das Steinchen, um dann wieder unbehindert gehen zu können. Diese und andere Schlussfolgerungen für das Leben haben mir imponiert. Ich habe das Buch immer wieder gelesen.

Im Laufe der Zeit schloss ich mich mehr den älteren Jungen an, die mit meinen Brüdern befreundet waren und mich in ihrer Gruppe akzeptabel fanden. Mein ältester Bruder hatte irgendwann angefangen, sich eine kleine Hühnerfarm, wie er es ausdrückte, aufzubauen. Er hatte zwei kleine Küken gekauft, die in einem kleinen Raum gehalten wurden. Seine Idee war, sie dann, wenn sie groß genug sind, an meine Eltern zu verkaufen. Diese Idee faszinierte mich so sehr, dass ich mein ganzes Taschengeld auch investierte, um ebenfalls zwei Küken zu kaufen. Wir fuhren mit unseren Fahrrädern zu den Bauern und fragten, ob sie Küken verkauften. Das Geschäft war jedoch von kurzer Dauer. Denn der Raum, in dem die Hühnchen gehalten wurden, entwickelte immer mehr unangenehme Gerüche, und wir beide waren nicht bereit, für die Sauberkeit zu sorgen. Meine Eltern kauften uns die Tiere ab, und Hossein schenkte sie einem Bauer.

In unserer Stadt gab es damals, als ich eingeschult wurde, jeweils eine Grundschule für Jungen und eine für Mädchen. Ferner besaß die Stadt ein Gymnasium für Jungen. Das Bild der Stadt war geprägt durch die beiden Hauptstraßen. In Nordsüdrichtung verlief die Chaussee, die die Provinzhauptstadt mit dem Süden verband. Das Gebiet westlich dieser Straße hieß Oberstadt, das östliche Unterstadt. Die zweite Hauptstraße verlief von der Oberstadt in die Unterstadt. Unser Haus lag auf dieser Straße in der Oberstadt. Auch andere besser gestellte Familien wohnten in der Oberstadt. Wir wussten wenig von der Unterstadt. Ich war nur einmal mit Hossein dort, weil er sich einen neuen Hut aus Filz kaufen wollte. Diese Hüte wurden offensichtlich von Handwerkern, die dort wohnten, gefertigt. Sie trugen weite Hosen in blau. Auch den Stoff der Hosen stellten sie selbst her. Meine Grundschule lag in der Unterstadt. Nur zwei Jahre ging ich in diese Grundschule. Das Gebäude der Schule war groß und der Hof auch. Ich war im ersten Schuljahr noch nicht reif genug und fiel am Ende des Jahres durch die Examina und musste die erste Schulklasse wiederholen. Irgendwie mochte ich den Klassenlehrer nicht und ärgerte seinen Sohn, der auch Erstklässler war. Am Ende des Schuljahres, als die Ergebnisse der Prüfung bekannt gemacht wurden, sagte mir der Schuldirektor: „Du bist durchgefallen". Auf dem Weg nach Hause traf ich meine beiden älteren Brüder und zwei ihrer Freunde und sie fragten mich „Was hat der Direktor gesagt?" „Du bist durchgefallen" sagte ich. Und meine Brüder sagten: „Du weinst nicht?" Da fing ich an zu heulen und ging nach Hause. Zu Hause empfing mich Hossein liebevoll und gab mir zum Trost einen Rial, damit ich mir etwas Leckeres besorge. Die Grundschule besaß einen Theatersaal, in dem Schüler anderer Schulen, insbesondere des Gymnasiums, Theaterstücke aufführten. Diese Veranstaltungen waren sehr gut besucht und man konnte es sich leisten, einen kleinen Beitrag für die Eintrittskarten zu verlangen. Ich kann mich gut erinnern, dass mich der Französischlehrer meiner Brüder angesprochen hatte, mit ihm einen Monolog zu proben und bei einer Theaterveranstaltung vorzuführen. Er hatte das Stück aus dem Französischen selbst übersetzt. Ich habe das Stück nicht richtig gemocht, vielleicht auch nicht richtig verstanden, so dass die Vorführung nur von wenigen Theatergästen verstanden wurde und der Beifall entsprechend schwach ausfiel. Zum Beginn des neuen Schuljahres wurde die sich im Bau befindliche Grundschule für die Jungen aus der Oberstadt fertiggestellt. Sie war nur einige hundert Meter von unserem Haus entfernt, war modern eingerichtet und hatte im vorderen Schulhof Plätze für Volleyball und Basketball. Wir hatten unter anderem einen komplett eingerichteten Raum für Hand- und Bastelarbeiten. So haben wir zum Beispiel vorgezeichnete Muster mit einer feinen Laubsäge ausgearbeitet. Neben unserem Haus wohnte eine Künstlerfamilie, die sich zum Bahai-Glauben bekannte und vielen Schikanen ausgesetzt war. Der Mann war Maler und hatte ein Atelier in der Hauptstraße. Der Sohn der Familie hieß Rauschan und war in meinem Alter, so dass wir zusammen zur Schule gingen. Nach der Schule ging er allein, da die anderen Kinder nicht mit ihm gehen wollten. Er besaß einen Kricketschläger und spielte oft allein damit. In der neuen Grundschule bekamen wir einen sehr netten Lehrer, der regelmäßig nach den Klassenarbeiten aus dem Tarzan-Buch vorlas. So wie er vorlas, hatte man das Gefühl, wirklich in einem Wald zu sein und alles real zu erleben. In der Grundschule veranstalteten wir mehrere Male im Jahr Theateraufführungen. Wir hatten zwar keinen Theatersaal, formten aber mit den Tischen eine Bühne. Der Tag war dann unterrichtsfrei. Um die Zeit zwischen zwei Akten zu füllen, musste ich oft als Sänger auftreten, weil andere Kinder sich nicht trauten. Die Lieder wurden von einem Lehrer ausgesucht und hatten meistens lustige Inhalte.

Die Grundschule dauerte sechs Jahre, danach kam ich auf ein Gymnasium, das etwas weiter entfernt am Stadtrand lag. Das Gelände war so groß, dass es neben einem Volleyballplatz und einem Basketballplatz noch über einen Fußballplatz mit allen anderen Einrichtungen für Leichtathletik verfügte. Das alte Gebäude war um einen weiteren zweistöckigen Bau erweitert worden. Alles war großzügig angelegt. Durch ein großes Portal betrat man das Gymnasium. Gegenüber dem Portal lag das alte Gebäude, zur linken Seite der neue Anbau. Der kleine Raum links vom Portal war das Zimmer des Hausmeisters, der in den Pausen Tee anbot. Die Wände waren mit Sprüchen und Namen verziert. Unter anderem stand aber auch zu lesen, wer am meisten Tee getrunken hatte, ohne bis dahin seine Rechnung zu begleichen. Links und rechts vor dem alten Gebäude waren große Wasserbecken und Bäume. Über das rechte Wasserbecken konnte man auf den Basketballplatz und den links davon liegenden Volleyballplatz schauen. Hinter dem alten Gebäude lag der Fußballplatz. Die Klassen sechs bis neun waren im alten Gebäude untergebracht, die Klassen zehn bis zwölf im neuen Anbau. Jeden Morgen mussten alle Schüler sich um acht Uhr vor dem Eingang des alten Gebäudes klassenweise aufstellen, bis der Direktor uns begrüßte. Entweder sprach er selbst zu bestimmten Fragen und Anlässen oder ein Schüler trug zu einem Thema fünf Minuten etwas vor. Als ich in der siebten Klasse war, meldete ich mich für einen Vortrag um acht Uhr und hatte unheimlich Lampenfieber, ob ich es auch schaffen würde. Meinen Brüdern war es sehr peinlich. Aber ich habe es einigermaßen erledigt. Ein zweites Mal habe ich es nicht mehr gewagt. In den Korridoren des alten Gebäudes waren auch Pingpongtische aufgestellt.

Der Direktor des Gymnasiums war der Bruder des Mannes meiner ältesten Schwester. Das war für mich ein Privileg. Vielleicht war ich deshalb manchmal etwas übermütig. Zweimal hatte ich Ärger mit den Lehrern. Gerade drei Wochen war das Schuljahr alt, als ich mit einem Lehrer mächtig Ärger bekam. Zu Beginn der Physikstunde ging der Lehrer durch die Reihen und kontrollierte die Hausaufgaben. Viele Schüler hatten die Hausaufgaben nicht gemacht. Er forderte sie auf, die Arbeit nächstes Mal vorzuzeigen. Meine Arbeit fand er gut. Ich sollte die Namen der Schüler ohne Hausaufgaben aufschreiben und ihn in der nächsten Physikstunde daran erinnern. Dann begann er mit dem Unterricht zum Thema Magnetismus. Er ging durch die Reihen, während er einen Magneten hinter sich in den Händen hielt. Als er bei mir angekommen war, hielt ich meinen Fahrradschlüssel an den Magneten und er klebte fest daran. Nun legte er den Magneten auf den Tisch und bemerkte den Schlüssel. „Wer war das?" fragte er. Ich antwortete schüchtern: „Ich." Er kam mit schnellen

Schritten auf mich zu, zog mich von der Bank und schleuderte mich zu Boden. Dann begann er mit seinen Fäusten auf meinen Rücken zu schlagen. Ich schrie laut um Hilfe und irgendwie zog ich an seiner Hose, so dass er von mir ließ. Ich ging in das Direktorzimmer. Der Direktor war nicht da. Er hatte selbst Unterricht. Also ging ich heulend und von Schmerzen geplagt schnurgerade zu meinem Vater ins Finanzamt. Ich erzählte ihm, was vorgefallen war. Dann schickte er mich mit seinem Zimmerdiener zum Arzt und ich blieb zwei Tage zu Hause. Eine Woche später wurde der Lehrer strafversetzt und musste Gonabad verlassen. Man erzählte, er sei ein Choleriker gewesen und habe auch seine Frau misshandelt.

Ich war in der neunten Klasse und die Mathematikaufgaben waren für mich kein Problem, so dass ich mich in den Mathestunden etwas langweilte. Dem Mathelehrer missfiel meine Langeweile und er ermahnte mich deshalb. Einmal geriet ich mit ihm in ein schlimmes Wortgefecht. Er sagte, ich solle, um mich nicht zu langweilen, die Toiletten putzen. Ich antwortete, dass er ja selbst ein Meister im Toilettenputzen sei und mir das zeigen könne. Daraufhin verwies er mich aus der Klasse und ich sollte vor der Tür warten, bis der Unterricht vorbei sei, um mit ihm zum Direktor zu gehen. Kaum stand ich zwei Minuten da, kam der Direktor vorbei und fragte nach der Ursache. Er ging mit mir in die Klasse und befahl mir, ordentlich zu sein. Der Lehrer sagte, er könne mich in der Klasse nicht mehr dulden. Auf Befehl meines Vaters versuchte ich ab jetzt an in der Klasse unauffällig zu sein und der Lehrer ließ mich in Ruhe. Das war meine letzte Schulklasse in diesem Gymnasium. Denn ab dem neuen Schuljahr war ich in der Provinzhauptstadt auf einem mathematischen Gymnasium. Der Mathelehrer hörte ebenfalls auf und begann in Teheran weiter Mathematik zu studieren. Dieser Mann hat später als Jahrgangsbester in Mathematik die Universität abgeschlossen und bekam ein Stipendium, um in Paris seine Doktorarbeit in

Mathematik zu schreiben. Das hat er mit Bravour an der Universität Sorbonne erledigt. Nach der islamischen Revolution im Iran 1979 soll er hohe Ämter an der Universität Teheran inne gehabt haben.

Nach der neunten Klasse endete die Orientierungsstufe. Man musste sich für eines von drei Fachgymnasien entscheiden, nämlich naturwissenschaftliches, geisteswissenschaftliches oder mathematisches Gymnasium. Ich entschied mich klar für das mathematische Gymnasium, obwohl es in unserer Stadt kein solches Gymnasium gab. Möglich war dies in der Provinzhauptstadt und mein Vater und auch meine Mutter stimmten sofort zu, dass ich dort zur Schule gehen konnte. Mein Vater fuhr mit mir in die Provinzhauptstadt, als die Sommerferien langsam zu Ende gingen, um mich dort einschreiben zu lassen. Er besuchte dort seinen guten Freund, der zuvor jahrelang Chef des Schulamtes in unserer Stadt gewesen war und jetzt in der zentralen Provinzschulbehörde einen wichtigen Posten inne hatte und erzählte ihm über mich und meinen Wunsch, in ein mathematisches Gymnasium zu gehen. Sofort fragte er mich nach meinen Noten in der Orientierungsstufe und war von meiner Antwort erfreut. Er griff zum Telefon und nach einigen Minuten Gespräch mit dem Angerufenen, den er duzte, sagte er, dass er einen guten Schüler für seine Schule hier sitzen habe. Sie vereinbarten, dass ich mich in seiner Schule melden sollte und zwar am gleichen Tag. Dann beendete er das Telefongespräch und sagte: „Die Schule heißt Ebn-e Jamin. Dort unterrichten die besten Lehrer, die wir in der Stadt haben." Das Gymnasium Ebn-e Jamin war ein rein mathematisches Gymnasium und daher nicht groß. Es wurden nur die Schüler mit guten Noten dort aufgenommen. Zum Glück bestand mein ältester Bruder wenige Tage später die Aufnahmeprüfung für das Fach Französische Sprache und Literatur an der Universität und für uns beide mietete mein Vater in der Provinzhauptstadt eine Unterkunft bei einer Familie. Der Weg zur Uni und zur Schule war nicht weit und die Familie war sehr nett und hilfsbereit, wenn auch etwas zu religiös. Sie hatten zwei Söhne und eine Tochter, die nach der Scheidung wieder zu Hause bei den Eltern lebte. Der eine Sohn war genau so alt wie ich und fragte mich einmal, wie ich es geschafft hätte, im Gymnasium Ebn-e Jamin aufgenommen zu werden. Wir hatten sehr strenge Lehrer und vor dem Direktor hatten alle Schüler hohen Respekt. Er unterrichtete selbst Algebra und ich bemühte mich, die Aufgaben gut zu machen. Denn er nahm alle Schüler dran und man musste den Stoff der letzten Stunde erläutern und mit Beispielen verdeutlichen. Man kann sich vorstellen, welche Spannung sich dann in einem aufbaute. Zum Glück war er mit meiner Arbeit nicht unzufrieden. Ich war zu Beginn in Schule gegenüber den anderen Schülern etwas benachteiligt. Denn ich kam aus der Provinz und war schüchtern und weniger aufgeschlossen. Außerdem merkte man meinen Dialekt und ich war stets bemüht, richtig zu sprechen und das war nicht einfach. Mein bester Freund war für längere Zeit ein Junge jüdischen Glaubens, der auch aus der Provinz kam und sehr schüchtern war. Nach der Islamischen Revolution soll er nach Israel ausgewandert sein. Das einzige Desaster erlebte ich beim Biologielehrer. Biologie war Nebenfach. Der Lehrer hatte als Hausaufgabe aufgegeben, zu bestimmten Tieren etwas zu schreiben. Bei der Suche nach Arbeitsmaterial stieß ich auf Tierbilder zum Aufkleben. Diese hatte ich vorher noch nie gesehen und dachte, dass es eine fantastische Idee sei, einige Tierbilder auf ein DIN-4-Blatt zu kleben und sie zu benennen. Stolz saß ich auf meinem Platz und wartete, bis der Lehrer bei mir war und nach meiner Arbeit fragte. Kaum zeigte ich ihm das vorbereitete Blatt, da fuhr er mich an und warf mir das Blatt auf den Tisch mit der Bemerkung, dass ich so bei ihm nicht weiter komme. Was für mich aus der Provinz neu und interessant war, war in der Provinzhauptstadt nichts Neues und allenfalls etwas für die Grundschüler. Mit diesem Lehrer kam ich das ganze Jahr nicht zurecht und hatte regelrecht Angst vor der Biologiestunde. Zum Glück gab es ab der elften Klasse keine

Biologie mehr. Die drei Schuljahre haben mich sehr geprägt. Ich war auf mich allein gestellt und musste mein Leben selbst gestalten. Die Abiturprüfung wurde im Iran zentral in jeder Provinz abgehalten und alle Gymnasien in allen Städten der Provinz erhielten dieselben Aufgaben, so dass der Vergleich der Schüler und Gymnasien gut möglich war. Die besten drei Schüler der Gymnasien der Provinz Khorassan kamen aus meiner Schule und ich gehörte dazu.

Mein Bruder war mit seinem Studium dagegen leider überfordert und fast immer am Rande des physischen und psychischen Kollapses. Er fürchtete bestimmte Dozenten, insbesondere einen Herrn Z., von dem er dauernd Geschichten erzählte. Zu dieser Zeit kam es öfter vor, dass er mitten im Schlaf laut schrie. Ich erschreckte mich jedes Mal. Dagegen fand er die französische Dozentin Mademoiselle Binet sehr nett und hilfsbereit. Ihm muss ich aber zugutehalten, dass er unseren kleinen Haushalt perfekt führte und mit dem verfügbaren Monatsbudget gut zurechtkam. Er kochte täglich eine warme Mahlzeit und sorgte dafür, dass wir Obst und Süßigkeiten in der Wohnung hatten. Als wir in die Provinzhauptstadt zogen, wohnten wir zur Miete. Wir zogen innerhalb von zwei Jahren drei Mal um. Neben dem letzten Haus, in dem wir eine kleine Wohnung gemietet hatten, wurde ein kleines neues Haus errichtet. Der Erbauer war unser Vermieter. Mein Bruder hatte öfter mit ihm über die Möglichkeit, das Haus zu erwerben, gesprochen. Ich wusste davon nicht oder hatte es nicht bewusst wahrgenommen. Eines Tages kam mein Vater zu uns und das Haus wurde gekauft und notariell umgeschrieben. Nun wohnten wir allein in dem kleinen Haus. Im ersten Winter stellte sich heraus, dass die Wasserleitung von der Straße in unser Haus gefroren war. Wir mussten Wasser eimerweise von der öffentlichen Zapfstelle auf der Straße holen. Die Winter waren sehr kalt und wenn es schneite, blieb der Schnee lange liegen. Auf den Straßen wurde der Schnee durch die Autos verfestigt und es dauerte lange, bis das Eis wegschmolz. Ich bin trotzdem jeden Tag mit dem Fahrrad zur Schule gefahren. Ich hatte keinen langen Mantel, sondern nur eine warme Jacke mit Schal und Mütze und Wollhandschuhe. In der Schule fand ich einige gute Freunde. Sie waren aus meiner Klasse und wohnten in meiner Nähe. Sie kamen alle aus guten Familien und nahmen mich oft mit nach Hause, wo wir dann gemeinsam lernten. Wir machten oft gemeinsame Radtouren und waren außerdem regelmäßig gemeinsam im Kino und zwar in einem, das für die Militärangehörigen reserviert war. Dank der guten Beziehungen eines dieser Freunde durften wir dort Filme sehen zu einem sehr niedrigen Preis. Sie waren im Allgemeinen wesentlich aufgeweckter als ich und hatten auch Kontakt zu den Schülerinnen des Mädchengymnasiums, das am nächsten zu unserer Schule lag. Es war der normale Rhythmus, dass die Schüler nach der letzten Stunde – wir hatten vormittags von acht bis halb zwölf und nachmittags von zwei bis viertel nach vier Uhr Unterricht – eilig in Richtung des Mädchengymnasiums liefen, um ihre Lieblingsmädchen zu sehen und neue

Bekanntschaften zu schließen. Ich war selten dabei. Als ich später in Deutschland studierte, erfuhr ich, dass vier von ihnen bei den Studentenunruhen an den iranischen Universitäten Ende der sechziger Jahre rebelliert hatten und von den Schah-Truppen verhaftet und später hingerichtet worden sind. Das waren wunderbare junge Menschen, die man vernichtet hat. Diese Nachricht hat mich sehr erschüttert.

In den Ferien fuhr ich nach Hause zu meinen Eltern und es war ein Vergnügen höchsten Grades, mit leckeren Speisen und Süßigkeiten bedient zu werden. Nach dem Abitur fuhr ich nach Hause, um mich von den Strapazen der Abiturprüfung zu erholen und den weiteren Weg zum Studium mit meinen Eltern zu besprechen. Ich war fest entschlossen, ein Ingenieurstudium im Ausland zu machen. Im Gymnasium hatte ich als Fremdsprache Englisch und war auch darin nicht schlecht. Ein Studium in Amerika betrachtete ich als das Beste. Die Kosten waren aber zu hoch und ich rechnete nicht damit, dass ich die Zustimmung meines Vaters bekäme. Daher favorisierte ich England. Damals war im Iran der Beruf Ingenieur der angesehenste, und wer das Studium an der technischen Fakultät der Universität Teheran oder der Universität Abadan absolvierte, dem standen alle Wege in die höchsten Staatsämter offen. In Abadan war damals die größte Ölraffinerie der Welt im Betrieb. Die Stadt wurde bei dem zehnjährigen Iran-Irak-Krieg vollständig zerstört.

Iran war das erste Land im Nahen Osten, in dem große Ölreserven gefunden wurden. Die Engländer waren damals im Nahen Osten militärisch, politisch und wirtschaftlich stark präsent und nichts ging, ohne dass ihre Interessen gewahrt blieben. Dank dieser Position hatten sie mit dem Iran Verträge zur Ausbeutung der Ölreserven geschlossen, die sehr lange Zeiträume umfassten und dem Iran nur einen äußerst geringen Anteil des Gewinnes aus der Ölförderung und Ölverarbeitung zuerkannten. Aus diesem Grunde war Anfang der fünfziger Jahre eine Widerstandsbewegung gegen diese Verträge entstanden. Als dann der iranische Ministerpräsident Dr. Mossadegh 1953 ein Gesetz im Parlament durch setzte und die iranische Ölindustrie verstaatlichte, taten die Engländer alles, um diese Sache zurückzudrehen. Da sie dies allein nicht schafften, schalteten sie die amerikanische Regierung ein und behaupteten, dass Dr. Mossadegh Iran in den Kommunismus trieb. Für die Amerikaner, die bis dahin im Nahen Osten wenig präsent waren, war dies ein gefundenes Fressen, um sich einzumischen, als Mossadegh den damals noch jungen und unerfahrenen Schah zum Abdanken zwang und dieser sich nach Rom absetzte. Dem amerikanischen Geheimdienst CIA gelang es, mit viel Geld einen Teil der Generalität des Schahs zum Putsch gegen den gewählten Ministerpräsident Mossadegh zu bewegen. Diese engagierten gegen Bezahlung Männer mit wenig Bildung, die an Demonstrationen gegen Mossadegh teilnehmen und sein Büro stürmen sollten. Der Plan ging auf, da Mossadegh sehr krank im Bett lag und von dem von der CIA gekauften Militärgeneral Zahedi überrascht wurde. Diese Aktivitäten der CIA wurden erst vor wenigen Jahren von Bill Clinton zugegeben. Mein Vater besaß eine Reihe Bücher, die diese Ereignisse sehr detailliert beschreiben. Diese Bücher waren später, als der Schah nach dem Sturz Mossadeghs wieder in den Iran zurückkehrte, absolut verboten. Ich hatte sie aber in unserem Haus entdeckt und immer und immer wieder gelesen. Dadurch war in mir der Wunsch geweckt worden, Ingenieur zu werden und für die eigene Ölindustrie zu arbeiten, um sie von den ausländischen Einflüssen zu befreien. Als ich meinem Vater eröffnete, dass ich gern in England studieren wollte, stellte er eine Bedingung. Die Bedingung war, dass ich zuerst an der nächsten Aufnahmeprüfung für die iranischen Universitäten teilnehmen sollte, da ja mein Abitur sehr erfolgversprechend war. Diese zentrale Aufnahmeprüfung galt für alle iranischen Abiturienten und für alle Universitäten des Landes. Nach den erreichten Punkten wurden die Studienplätze an die Prüfungsteilnehmer vergeben.

Die Studienplätze an den besten Fakultäten bekamen die Teilnehmer mit den höchsten Punkten. Für diese Prüfung musste man sich ein bis zwei Jahre vorbereiten. Ansonsten war die Chance gering, einen guten Studienplatz zu ergattern. Ich hatte wenige Wochen Zeit, mich vorzubereiten. Das Ergebnis war enttäuschend.

Kapitel 3

Die Reise nach Deutschland ging über Täbriz, Ankara, Istanbul, Sofia, Zagreb sowie Graz und dauerte
fünf Tage, wobei in Istanbul eine Fahrtunterbre-
chung von einem Tag vorgesehen war. Die erste
Übernachtung war in Täbriz. Im Hotel besuchte mich
ein Freund, der dort an der Universität von Täbriz
Bauingenieurwesen studierte. Er erzählte mir, dass er
in Täbriz stets Heimweh habe, da die Menschen
mehrheitlich *azari* (türkischstämmig) seien und normalerweise auch die große Mehrheit der Bevölkerung in der Stadt türkisch spreche. Die zweite Über-

nachtung war in einer kleinen Stadt im Osten der Türkei. Der freie Tag in Istanbul wurde für eine Stadtbesichtigung genutzt. Zu diesem Zweck schloss ich mich einer kleinen Gruppe der Mitreisenden an. In der Mittagszeit war es so heiß, dass wir beschlossen, uns am Strand abzukühlen. Als ich wie die anderen Touristen auch das Hemd auszog, trat meine selbstgenähte Brusttasche in Erscheinung und ich erschrak. Denn in dieser Tasche hatte mir mein Vater Geld in D-Mark-Scheinen für ein ganzes Jahr gegeben und ich sollte keinen Augenblick die Brusttasche ablegen. Ich zog mein Hemd eilig wieder an und blickte dann eine ganze Weile in alle Himmelsrichtungen um mich herum, ob jemand das gesehen hätte und was nun zu tun sei. Ein Ehepaar aus dem Reisebus, das neben mir am Strand lag, hatte das schon gesehen und sagte mir, ich solle bei ihnen bleiben. Zum Glück ging die Sache gut, und wir kehrten dann auch schnell zum Hotel zurück. An den Grenzen zwischen den Ländern unterwegs, nämlich Iran-Türkei, Türkei-Bulgarien, Bulgarien-Jugoslawien,

Jugoslawien-Österreich wurden überall für die zügige Erledigung der Formalitäten unter der Hand Bestechungsgelder verlangt. Der Fahrer meinte, sonst würden Mängel und Ungereimtheiten vorgetäuscht und man müsse stundenlang auf den erforderlichen Stempel in seinem Reisepass warten.

Am Nachmittag des fünften Tages nach der Abfahrt in Teheran kam der Bus in München an. Das Ehepaar, mit dem ich seit Istanbul näher Bekanntschaft gemacht hatte, half mir dabei, ein Zugticket für die Weiterreise am gleichen Tag nach Aachen zu kaufen. Sie erklärten mir, dass es sich um einen Schnellzug handelte und ich in Köln umzusteigen hätte, was für mich auch neu war. Denn der Zug fuhr von München nach Dortmund und ich sollte dann mit einem Eilzug von Köln nach Aachen fahren. Wann der Zug von Köln abfuhr, konnten sie mir nicht sagen; dies sollte ich während der Fahrt oder bei Ankunft in Köln erfragen. All diese Dinge waren unheimlich aufregend und heizten während der Fahrt meine Phantasie weiter an, was dann passieren könnte, wenn ich es verpassen sollte, in Köln auszusteigen. Die riesigen Bahnhöfe unterwegs und die vielen Züge, die verkehrten, beeindruckten mich sehr und ich bekam ein erstes Gefühl von Deutschland als Industrieland.

Es ging alles gut und kurz vor Mitternacht erreichte der Eilzug den Hauptbahnhof Aachen und ich konnte den Satz „der Zug endet hier", heraus hören und war stolz. Ich nahm ein Taxi und ließ mich zum Marktplatz Nummer drei fahren, wo mein Freund wohnte. An der Haustür studierte ich die Namenschilder. Sein Name stand nicht da. Eine Tür daneben war eine Imbissbude, in der noch das Licht brannte. Ich ging hinein und fragte die ältere Dame, die mit Putzen beschäftigt war, ob sie einen Mann namens S. kannte. Ich versuchte meinen Freund ein wenig zu beschreiben, aber das half nicht. Enttäuscht und von all den Neuigkeiten überwältigt, fragte ich sie, wo ein Hotel zu finden war. Sie beschrieb mir den Weg dahin und ich nickte ein paar Mal höflichkeitshalber, aber verstanden hatte ich kein einziges Wort. Mit zwei Koffern in den Händen ging ich in die Richtung, in die die Frau gezeigt hatte und hoffte, das Hotelschild bald zu erkennen. Unterwegs sprachen mich zweimal betrunkene Männer an. Das machte mir Angst und ich erhöhte jedes Mal meine Laufgeschwindigkeit, bis ich plötzlich ein gelbes Schild „Hotel Garni" sah. Ich klingelte und ein Mann öffnete die Tür und zeigte mir das Zimmer. In Sekundenschnelle fiel ich in einen tiefen Schlaf und wurde um sieben Uhr wach. Als ich dem Portier erzählte, dass ich meinen Freund suchen müsse, sagte er mir, ich dürfe meine Koffer währenddessen im Hotel lassen. Auch das verstand ich nur halb, aber ich folgte ihm.

Ich ging zum Marktplatz Nummer drei zurück und überzeugte mich, dass ich gestern Nacht nichts übersehen hatte. Ich sah viele junge Leute mit ihren Taschen in eine Richtung gehen. Sofort schloss ich daraus, dass sie Studenten sein mussten und zur Uni gingen. Ich ging auch in diese Richtung. Unterwegs fragte ich zwei Studenten, ob sie einen Iraner kannten. „Ja" war sofort die Antwort. Sie seien Chemiestudenten und im Institut sei ein Iraner als Assistent tätig. Sie schlugen mir vor, mit ihnen zu gehen. Als ich diesen Iraner sah, fühlte ich Erleichterung und er klärte mich auf, dass es sehr schwer sei, die Aachener zu verstehen mit ihrem starken Dialekt. Der Iraner nahm mich am Mittag mit in die Mensa, und dort traf ich dann auch meinen Freund. Viele Jahre später traf ich diesen Iraner an der Universität Bochum wieder, wo er promovierte. Ich erzählte ihm meine Geschichte aus Aachen und seine Hilfsbereitschaft und er berichtete, dass er in der islamischen Studentenbewegung aktiv war. 1979 gehörte er zur Begleitmannschaft Chomeinis bei dem historischen Flug von Paris nach Teheran und spielte in den späteren Regierungen eine wichtige Rolle, nicht zuletzt als Verbindungsmann Irans zur Bonner Politik. Ich erfuhr im Zusammenhang mit diesen Verbindungen aus den deutschen Zeitungen, dass er mit Chomeini verwandt war.

Mit Hilfe meines Freundes mietete ich ein Zimmer in einem Haus in Aachen unweit der Rheinisch-Westfälischen Technische Hochschule (RWTH). Ich wohnte im vierten Stockwerk und damit auf gleicher Höhe mit den auf einem Damm von fast zwölf Meter Höhe verlaufenden Eisenbahnschienen. In der ersten Zeit war alles fremd und anders und das Heimweh riesengroß. Also beschäftigte ich mich damit, die Wagen der auf den Gleisen vor meinem Fenster vorbeifahrenden Güterzüge zu zählen. Auf dieser Strecke fuhren ausschließlich Züge, die von zwei Dampflokomotiven angetrieben wurden. Die maximale Anzahl der Wagen war sechzig. Die Dampfloks faszinierten mich sehr, kannte ich doch bis zu diesem Zeitpunkt nur Diesellokomotiven. Wenige Wochen später zog ein weiterer Freund von mir von Aachen nach Stuttgart, um dort an der Musikhochschule zu studieren und ich durfte in sein Zimmer einziehen. Die Vermieter, ein Schuhmacher mit einer kleinen Werkstatt und seine Frau waren äußerst nett, hilfsbereit und sehr kommunikativ. Es war damit ein Glück, dass ich auf eine solch nette kinderlose deutsche Familie traf. Die Frau sprach ein klares Hochdeutsch mit mir, obwohl sie mit ihrem Mann und den meisten Kunden Öcher Platt redete. Der Mann war weniger intelligent, aber sehr herzlich und immer für Witze gut, die ich naturgemäß nie verstand und seine Frau mühsam versuchte, mir sie zu erklären. Die meisten waren zweideutig, und oft lachten wir bei den Erklärungen dieser Witze. Ich musste immer wieder vor dem Hintergrund des bescheidenen Lebens dieser Frau an meine Mutter denken.

Kapitel 4

Meine Mutter war eines von fünf Kindern einer Kaufmannsfamilie. Sie hatte eine Schwester und drei Brüder. Die Schwester war mit einem Kaufmann verheiratet. Er und auch sie waren beide praktizierende Muslime und hatten wenig Kommunikation mit anderen Menschen, also auch nicht mit meiner Familie. So beschränkte sich der Kontakt auf ein oder zwei Besuche im Jahr. Er war aber geschäftlich stark auf das Wohlwollen meines Vaters angewiesen. Denn zu den Zeiten nach dem zweiten Weltkrieg und in den fünfziger Jahren hatte der iranische Staat ein Monopol auf fast alle wichtigen Nahrungs- und Genussmittel. Dies betraf zum Beispiel Reis, Tee, Zucker und Alkohol. Da mein Vater der mächtigste Mann in der Finanzverwaltung der Stadt und des Bezirks war, bestimmte er, welcher Kaufmann wie viel der unter Monopol stehenden Nahrungs- und Genussmittel beziehen durfte.

Der älteste Bruder meiner Mutter wurde in Anspielung an die hierarchischen Strukturen der ehemaligen Mongolen, die Iran im dreizehnten bis fünfzehnten Jahrhundert verwüstet hatten, Agha-e Khan benannt. Er war Viehhändler und besaß große Herden von Schafen, die auf der Suche nach besseren Weideflächen dauernd von einer Region in die andere getrieben wurden. Sein Verhältnis zu seinem Personal und Viehtreibern war herzlich, aber bestimmend und hart. Jedes Mal, wenn er bei uns mit seinem schmutzigen Jeep und seiner Kleidung voller Staub auftauchte, erinnerte er mich an Cowboys. Er war ein groß gewachsener, immer gut gelaunter Mensch mit viel Humor und Selbstironie, der seine Meinung zu privaten oder politischen Fragen offen äußerte und mit seiner Offenheit Fremde sehr überraschte. So soll er zum Beispiel nach der islamischen Revolution im Iran einem Mullah, der früher ein armer religiöser Prediger gewesen war und nunmehr zur Macht gekommen und viele unmenschliche Urteile über andere Menschen gesprochen hatte, gesagt haben: „Wenn die Revolution zu Ende ist, will ich dich persönlich zur Rechenschaft ziehen." Mein Onkel trank gern einmal einen Wodka mit Menschen, die er mochte. Die Religion war für ihn Nebensache. Meine Mutter mochte ihren Bruder Agha-e Khan sehr und sie besuchten sich gegenseitig oft, obwohl er in einer anderen Stadt ungefähr fünfzehn Kilometer entfernt wohnte. Entsprechend waren auch wir Kinder mit den Kindern meines Onkels befreundet und gern dort zu Besuch. Mein Onkel hatte vier Kinder, zwei Söhne und zwei Mädchen. Mein ältester Bruder war mit dem älteren Cousin gut befreundet. In den Sommerferien spielten wir oft miteinander Schach.

Der zweite Bruder meiner Mutter war groß gewachsen und Beamter der Finanzverwaltung. Mit ihm und seiner Frau verkehrten meine Eltern nur gelegentlich. Mein Vater mochte nur diejenigen Menschen, mit denen er auch mal einen netten geselligen Abend verbringen konnte. Dieser Onkel gehörte nicht zu diesem Kreis. Dementsprechend gehörte ihm auch nicht die Sympathie meines Vaters als Dienstvorgesetzter. Er verlor seine Stelle im Finanzamt und wurde gegen seinen Willen in die Provinzhauptstadt versetzt. Seine Bittgesuche bei meinem Vater blieben ungehört. Danach brach der Kontakt zu ihnen ziemlich ab.

Die älteste Tochter meines Onkels war in meinem Alter. Meine Brüder ärgerten mich, wenn sie mal bei uns zu Hause war, indem sie laut sie und mich als ein zukünftiges Paar bezeichneten. Ich schämte mich irgendwie und sie ließen mich erst dann wieder in Ruhe, wenn ich begonnen hatte, laut zu weinen oder ein Erwachsener eingriff. Mit ihrem jüngsten Bruder pflegte meine Mutter einen engen Kontakt. Er war auch Kaufmann und starb relativ jung an einer Lungenentzündung. Ich mochte ihn besonders gern wegen seines Motorrades und weil er mich einmal sogar damit fahren ließ. Das war irgendwo in der Steppe.

Meine Mutter wurde mit meinem Vater verheiratet, als sie gerade siebzehn Jahre alt war. Für die damalige Zeit war dies ganz normal. Sie gebar in der Zeit zwischen 1939 bis 1958 sieben Kinder, drei Töchter und vier Söhne. Die meisten von uns Kindern waren von Ammen gestillt worden. Als ich später mit zwölf Jahren einer Frau, die meine Amme gewesen war, begegnete, war sie mir unsympathisch und ich stellte es mir unschön vor, an ihren Brüsten gesaugt zu haben. Meine Mutter hatte viel unterstützendes Personal im Haus. Neben Hossein und einem Dienstmädchen gab es eine Nachbarin, die bei der Herstellung von Kuchen und Gebäck aushalf. Ihr Mann war Türdiener meines Vaters im Finanzamt. Er saß dort die ganze Zeit auf einem Stuhl vor der Tür seines Büros.

Wenn mein Vater ihn brauchte, zum Beispiel um eine Akte in ein anderes Büro zu bringen oder einen Beamten zu sich rufen zu lassen, klingelte er und der Türdiener meldet sich bei ihm, um den Befehl zu empfangen. Manchmal wollte mein Vater auch nur einen Tee haben, den der Türdiener dann aus der Küche besorgte. Er war im Winter auch dafür zuständig, die Galoschen (Überschuhe) meines Vaters, die er bei Regen und Schnee überzog, vor der Tür seines Büros abzunehmen und zu reinigen, um sie dann später wieder bereit zu halten. Seine Frau buk hervorragend. Vor allem zum Neujahrsfest (*Nouruz*), das den Frühlingsanfang markiert und seit über zweitausendfünfhundert Jahren im Iran groß gefeiert wird, wurden große Mengen Kuchen und Gebäck gebacken. Eine andere Frau kam regelmäßig und half beim Waschen der Wäsche. Eine dritte Frau war einmal in der Woche den ganzen Tag damit beschäftigt, Brot zu backen. Sie kam morgens sehr früh und rührte große Mengen Mehl, Hefe und Wasser zu einem Teig und ließ diesen mehrere Stunden gehen.

Danach formte sie den Teig zu Fladen. Die Fladen waren etwa fünfundzwanzig mal sechzig Zentimeter groß und nur zwei bis drei Millimeter dick. Sie wurden in einem großen Ofen gebacken. Der Brotbackofen hatte eine zylindrische Form mit etwa achtzig Zentimeter Durchmesser und war aus gebranntem Ton. Nach oben wurde der Zylinder etwas enger. Im Boden des Ofens war die Beheizung platziert, die entweder aus glühendem Holz oder später aus einer ölbefeuerten Flamme bestand. Die Bäckerin legte die einzelnen Teigfladen auf eine mit Tuch umwickelte Holzvorlage und befestigte sie mit einem gekonnten Schwung an den Ofenwänden, indem sie die Holzvorlage fest an die Ofenwände presste. Wenige Minuten später nahm sie die fertigen Brote mit einer Zange von den Ofenwänden. Wenn sie mit dem Backen fertig war, lagen in der Küche Berge von Broten, die zum Teil weiter getrocknet wurden, um sie länger genießbar zu halten. Denn das fertige Brot war nur drei bis vier Tage gut essbar und wurde dann fade. Aufbewahrt wurde das Brot in einer Truhe in der Küche.

Meine Mutter war eine hübsche, gepflegte Dame mit auffällig heller Haut und rötlich schimmerndem Haar, das regelmäßig mit Henna nachgetönt wurde. Das war Bestandteil des wöchentlichen Baderitus im städtischen Badehaus, dem *Hamam*, der den ganzen Vormittag für Frauen reserviert war und die von den Dienerinnen, den *Dallacks*, gewaschen und massiert wurden.

Der *Hamam* war in zwei Bereiche geteilt. Man betrat den Empfangs- und Umkleidebereich des Badehauses, indem man von der Straße eine Treppe zehn Stufen hinunterging. In der Mitte der großen, runden Halle, die oben von einer Kuppel bedeckt war, befand sich ein Wasserbecken von etwa drei Metern Durchmesser, das immer bis zum Rand mit frischem kaltem Wasser gefüllt war. Der Boden der Halle war im Bereich der Wände etwa siebzig Zentimeter erhöht und etwa zwei Meter breit. Der Steinboden war hier mit Tüchern, den sogenannten *Longis*, bedeckt. Es handelte sich dabei um meist rot und gelb gefärbte Tücher von hundertfünfzig mal achtzig Zentimetern. An den Wänden waren Garderobenhaken angebracht. Man zog sich hier komplett aus und bedeckte sich mit einem *Longi*, die dort in Stapeln bereit lagen. Dann ging man durch eine Tür in einen Flur hinein, der zur Waschhalle führte. Hier war der Steinboden sehr heiß. Die Halle bestand aus dem runden mittleren Raum mit Kuppeldach und seitlichen vier Nischen mit niedrig hängenden Bogendecken. An der Stirnseite der Waschhalle befanden sich die heißen und kalten Wasserbecken, die fast zwei Meter höher lagen als der Hallenboden. Der Waschvorgang vollzog sich immer nach gleichem Ritual. Man ging zuerst in das mittelwarme Wasserbecken und anschließend in das heiße Wasserbecken. Hier war die Wassertemperatur so hoch, dass man mit Schrecken darin eintauchte und anschließend die Haut ganz rot war. Dieser Schritt war aber notwendig, da man nur einmal wöchentlich in den *Hamam* ging. Die Badegäste setzten sich dann auf *Longis* auf den Boden und warteten eine halbe bis eine ganze Stunde, bis ein *Dallack* frei war. Jeder hatte so seinen Lieblingsdallack. Man wurde von ihm/ihr zunächst mit einem rauen Handschuh geschrubbt, und immer wieder brachte der *Dallack* eimerweise Wasser aus dem Becken, um die losen Hautschuppen abzuwaschen. Dann ging der Vorgang mit Seife weiter. Am Ende des Waschvorganges wurde massiert, um die Muskeln und Gelenke zu lockern. Nun stieg man ein letztes Mal in das mittelwarme Wasserbecken und erfrischte sich anschließend mit kaltem Wasser. Danach rief der *Dallack* laut „khoschk", was auf Persisch trocken heißt, und aus der Empfangshalle tauchte ein Diener mit zwei trockenen *Longis* in der Hand auf. Man legte ein *Longi* um die Taille und die Beine, das zweite wurde um die Schultern geworfen. Jetzt konnte man die Waschhalle verlassen und in die Empfangs- und Umkleidehalle zurückgehen. Dort wurde noch Tee oder kaltes Wasser gereicht. Später gab es auch Coca Cola und Canada

Dry. Der Badetag dauerte mehrere Stunden. Nach dem Bad durften wir Kinder erst einmal nicht draußen spielen, um uns nicht zu erkälten, war die Erklärung. Als ich noch sehr klein war, musste ich am Badetag meiner Mutter mitgehen und wurde von den weiblichen *Dallacks* gewaschen. Das empfand ich ab einem bestimmten Alter als unangenehm und war froh, als ich endlich mit meinem Vater gehen durfte, da mit ihm der Badevorgang wesentlich kürzer und weniger anstrengend war.

Meine Mutter war eine gute Köchin und kochte sehr oft, obwohl Hossein die meisten Speisen auch gut zubereiten konnte. Sie legte auf jeden Fall Wert darauf, das Essen selbst zu servieren und zu verteilen. Wir Kinder stritten uns oft, wer zuerst sein Essen bekam. Einmal schickte mich meine Mutter aus der Küche in den Lagerraum, um etwas zu holen. Aus Sorge, ich könnte der letzte sein, lief ich so schnell ich konnte, um die Aufgabe zu erledigen. Zu der Zeit besaß ich ein Hühnchen, das ich von der Schule bekommen hatte. Wir hatten in der Grundschule als Sonderfach Biologie. Der zuständige Lehrer hatte die Schüler gebeten, von zu Hause jeweils ein für die Brut geeignetes Ei mitzubringen. Er wollte uns den Brutprozess mit Hilfe eines Brutkastens praktisch vorführen. Ich hatte zwei Eier abgegeben und erhielt nach der Brutzeit ein Küken dafür, welches ich mit nach Hause nehmen durfte. Dieses Hühnchen hatte sich mit der Zeit so sehr an mich gewöhnt, dass es überall hinter mir her lief; so auch an dem Tag, als ich für meine Mutter etwas vom Lagerraum holen sollte. Beim Verlassen des Lagerraumes übersah ich mein liebes Tier und zerquetschte es beim Drauftreten. Ich heulte den ganzen Tag. Das war meine erste Erfahrung mit dem Tod.

Was zum Mittag gegessen wurde, bestimmte meine Mutter morgens und schickte dann Hossein zum Fleischer, um frisch geschlachtetes Lammfleisch zu kaufen. Selten aßen meine Eltern Rindfleisch, dafür hin und wieder Kalbfleisch. In den meisten Fällen war sie mit dem Fleisch, das Hossein eingekauft hatte, unzufrieden und sie stritten darüber. Hosseins letzte Bemerkung war dann stets: „Geh' selbst zum Fleischer, wenn du glaubst, dass er dir besseres Fleisch gibt."

Das Mittagsessen war saisonal bedingt. Im Sommer wurden im Garten hinter dem Haus auf einigen Feldern Tomaten, Auberginen, Salatgurken, Zucchini, Möhren, Kohlrabi sowie viele Sorten von Kräutern, insbesondere Schnittlauch, Petersilie, Dill, Minze und Basilikum angebaut. Dementsprechend gab es an mehreren Tagen der Woche Lammfleisch mit Auberginen oder Zucchini und Tomaten. Als Beilage war Langkornreis obligatorisch. Gurken wurden oft frisch geschält, in längliche Stücke geschnitten und gesalzen gegessen. Ein Teil der Tomatenernte wurde zu Tomatenmark verarbeitet. Der Rest der Gemüseernte wurde von Hossein an den Gemüsehändler verkauft. Die Kräuter wurden auch getrocknet und für den Winter aufbewahrt. Zum Mittagsessen gab es mindestens ein oder zweimal in der Woche einen Eintopf. Er wurde mit Lammkeule, Tomaten, Möhren, Kartoffeln und Kräutern zubereitet. Beim Servieren wurde das Fleisch vom Knochen gelöst und verteilt. Mein ältester Bruder war nur an den Kochen interessiert, weil er das Knochenmark mühsam heraus pulte. Ich tauschte mit ihm Knochen gegen Fleisch. Ich hasste aber Fett. Selbst das Ansehen oder Berühren von Fett am Fleisch erzeugte bei mir ein Würgen. Deshalb musste ich oft die *Sofré*, eine Stoffdecke, die auf dem Teppich ausgelegt war und auf der man die Speisen servierte und um die man sich dann zum Essen setzte, verlassen und bei Hossein essen, der nie mit uns an der *Sofré* essen durfte. Er tat mir leid, weil er nach uns aß und die Gefahr bestand, dass nicht immer genug von allen Speisen für ihn übrig blieb. Er selbst machte sich nichts daraus. Er war ein großartiger Mensch, der Demütigung mit Würde und Gelassenheit ertrug.

In der kälteren Jahreszeit wurden deftigere Speisen zubereitet. Dazu gehörten Linsenreis (*Adas-Polau*) mit Lammfleisch, das in kleinen Stücken gebraten und dann zwischen zwei Schichten von Reis in einem großen Kupfertopf etwa zwei Stunden gegart wurde. Manchmal wurde das Lammfleisch durch Hühnerfleisch ersetzt. Der Reis wurde in vielen Variationen serviert. Reis mit geraspelten Möhren (*Hawitsch-Polau*), Reis mit Berberitzen gezuckert (*Zereschk-Polau*), Reis mit Rosinen (*Keschmesch-Polau*), Reis mit Bohnen (*Bagheli-Polau*). Der Reis wurde grundsätzlich im kochenden Wasser nur so lange gekocht, bis die Körner weich waren. Dann wurde er auf ein Sieb gegeben. Der Topf wurde wieder auf den Herd gesetzt mit etwas Butter, die geschmolzen wurde. Inzwischen wurde in einer Schale Safran, Joghurt, ein Ei und eine kleine Menge des Reises gut verrührt. Diese Masse wurde dann in den Topf gegeben und so verteilt, dass der Topfboden gleichmäßig bedeckt war. Der restliche Reis wurde dann darauf gegeben und der Topf mit einem Kü-

chentuch umfassten Deckel geschlossen, um Dampf-
garen zu erzeugen. Nach circa dreißig Minuten hatte
sich auf dem Topfboden ein fester, goldrot schim-
mernder Fladen (*Tahdik*) gebildet, der köstlich
schmeckte. Im Winter gehörten Suppen (*Asch*) und
Hirsebreie (*Tugi*) zum Speiseprogramm der Woche
entweder am Mittag oder am Morgen. Hirse wurde
zu Brei gekocht. Dazu gab man entweder Milch und
ließ es noch eine Weile gut gar werden (*Tugi-e
Schir*), oder man rührte Hackfleisch, das vorher mit
viel Zwiebeln und Kräutern gebraten wurde, darunter
(*Tugi-e Ghayme*). Besonders gern aßen meine Eltern
eine Suppe, die mit selbstgemachten Nudeln zubereitet wurde (*Asch-e Reschté*). Wenn Gäste zum Essen
kamen, gab es immer mehrere Speisen. Reis mit Saf-
ranhühnchen, das als eine Art Confit zubereitet wurde, gehörte unbedingt dazu. Dabei wurde das Hähnchenfleisch in Stücken zuerst mit viel klein gehack-
ten Zwiebeln gebraten. Anschließend ließ man es
gewürzt mit Salz, Pfeffer, Safran und Paprika mit
etwas Wasser mindestens eine Stunde lang schmo-

ren. Das fertige Fleisch wurde dann auf einer großen Platte serviert und mit in Spalten geschnittenen gebratenen Kartoffeln dekoriert. Eine weitere leckere Variation von Hähnchenfleisch war geschmortes Hähnchen in einer Walnusssoße (*Fessendschun*). Allerdings wurde das nur zu besonderen Festen wie *Nouruz* serviert. Ein oder zweimal im Winter gab es ein Knoblauchgericht (*Kahle-Patsché*). Der Kopf und die Beine von jungen Schafen wurden auf offener Flamme enthaart und mit einer Raspel gut glatt gerieben. Dann wurden sie in einem Topf mehrere Stunden lang im Wasser mit vielen Kräutern gegart, bis die Haut fast lose war. Dadurch erhielt man eine sehr fette Suppe, die man dann mit dem Fleisch darin verspeiste. Um das Fett zu kompensieren, wurde dazu viel Knoblauch gegessen, der lange in Essig gelegen hatte und kaum noch den intensiven Geruch entwickelte. Der Essig wurde ebenfalls zu Hause aus eigenen unreifen Weintrauben hergestellt.

Das Frühstück war einfach gehalten und bestand normalerweise aus frischem Fladenbrot, Kräuterquark (*Schiraz*) und Schafskäse (*Panir-e Gusfand*). Wenn gerade frische Butter verfügbar war, gab es zum Frühstück Butter und Honig auf frischem Fladenbrot. Dazu wurde Tee getrunken. Der Samowar wurde mindestens zweimal täglich, nämlich morgens und nachmittags in Betrieb gesetzt. Auch die Butter wurde zu Hause hergestellt, indem die frische Milch von den eigenen Kühen, die im an das Haus angrenzenden Stall gehalten wurden, für einige Tage gesammelt wurde. Zu diesem Zweck wurde ein dreibeiniges Gestell aus Rundhölzern aufgestellt. An das Gestell hing eine aus Schafsleder geformte runde Tasche, in der die Milch mit einem Rührgerät von Hand geschlagen wurde. Dadurch sammelten sich Butterflocken an der Oberfläche, die nach und nach abgenommen wurden. Zum Abend wurde Brot mit Käse und Eiern in Form von Omelette (*Kuku*) serviert. Es gab Omelette mit Kräutern (*Kuku-e Sabzi*), Omelette mit Kartoffeln (*Kuku-e Siebzamini*) oder je nach Jahreszeit auch Omelette mit Auberginen (*Kuku-e Badendschan*) und Omelette mit Tomaten (*Kuku-e Gordsche-Frangi*).

Obst und Gemüse wurden in großen Mengen und zu allen Mahlzeiten gereicht. Der Römersalat wurde frisch geerntet als Zwischenmalzeit vormittags gegen zehn Uhr gegessen. Die Blätter wurden von Hand in eine süßsaure Marinade aus Zitronensaft und Zucker getaucht und gegessen. Ab Ende März gab es fast alle Sorten Obst, das wir entweder selbst im Garten hatten oder das Hossein täglich auf dem Markt kaufte. Im Garten hatten wir Aprikosenbäume (*Zardalu*), Mandelbäume (*Badam*), Granatapfel (*Anar*), Pistazien (*Pesté*) und große Flächen Weintrauben (*Angur*). Ferner hatten wir einen großen Baum Zuckerbeeren („Tut"). Wir kletterten auf den hohen Baum und aßen die Beeren. Die anderen Obstsorten wie Kirschen (*Gilas*), Apfel (*Sieb*), Pflaumen (*Alu*), Birnen (*Golabi*), Feigen (*Andschir*) und Pfirsich (*Holu*) gab es aus der bergigen Region um Gonabad. In den

Sommermonaten gab es Wasser- und Zuckermelone in großen Mengen. Die Obstbauern brachten morgens ihre Ware auf Eseln geladen in die Stadt. Manchmal kaufte Hossein eine ganze Ladung Wassermelonen auf einmal. Meine Eltern waren beim Obst sehr wählerisch und nicht jede geschlachtete Melone wurde auch gegessen, sondern wanderte in den Kuhstall als Futter. Melonen wurden in großen Becken, in denen im Winter und Frühjahr Regenwasser gespeichert wurde, angebaut. Traf eine Gewitterfront auf die etwa zwanzig Kilometer entfernte Bergkette westlich der Stadt, so entstanden in kurzer Zeit Wasserströme gewaltigen Ausmaßes, die in sonst trockenliegenden Flussbetten in Richtung der Stadt flossen und zu Überschwemmungen führten. Der Anbau von Melonen in der sonst wasserarmen Region war eine geniale Idee. Die Obstbauern hatten ihre Becken so angelegt, dass sie mit Wasser vollliefen, und mit dem Wasser gelangten auch große Mengen Nährstoffe in die Becken. Im April oder Mai war das Wasser in den Becken soweit verdunstet oder in den Boden abgesackt, dass die Bauer nunmehr in den Sedimenten Melonensamen einlegen konnten. Ab Juni war die erste Ente schon auf dem Markt.

Meine Mutter hat, solange ich noch zu Hause lebte und mich erinnern kann, keine Nacht schlafen können und nahm deshalb regelmäßig Schmerztabletten zur Nacht. Sie ging allerdings auch sehr früh schlafen und wenn sie sich hingelegt hatte, erwartete sie von uns allen absolute Ruhe. Das war jedoch nicht zu realisieren. Sie meinte stets am nächsten Morgen, sie habe kein Auge zugetan. Erschwerend kam hinzu, dass mein Vater ein sehr geselliger Mensch war und es waren öfter Gäste bei uns, die auch etwas zum Essen wünschten. Meine Mutter mochte die abendlichen Feste meines Vaters nicht und kümmerte sich demnach auch nicht um Snacks. Es waren immer Hossein oder meine älteste Schwester, die diese Aufgabe erledigten. Für die Schlaflosigkeit meiner Mutter war dann mein Vater verantwortlich und sie stritten den ganzen Tag. Überhaupt hatten meine Eltern ständig Streit, den sie leider offen vor uns Kindern austrugen. Das ging uns sehr auf die Nerven und wir wünschten alle, dass sie durch ein Wunder aufhörten, laut zu streiten. Meine Mutter veränderte das Haus und die Räume ständig. Sie kümmerte sich um Malerarbeiten, ließ Wände und Türen versetzen, wenn sie eine neue Gestaltungsidee hatte. Mein Vater war bei diesen Fragen etwas gleichgültig und ließ sie gewähren. Sie erledigte die Arbeiten immer dann, wenn mein Vater für längere Zeit verreist war, um unnötigen Diskussionen aus dem Weg zu gehen. Meine Mutter hatte auch ihre Frauenrunde. Die Frauen besuchten sich gegenseitig alle zwei bis vier Wochen. Wenn sie zu uns kamen, backte meine Mutter ein oder zwei verschiedene Kuchen und servierte ihren Gästen dazu Tee. Der Rodonkuchen (*Keyk*) durfte nicht fehlen, denn darin war meine Mutter eine große Meisterin. Wir Kinder waren froh, wenn sich der Besuch verabschiedete, denn dann wurde der Rest für uns freigegeben. In den Sommermonaten gab es als zweiten Gang Obst, meist Weintrauben oder Melonen. Beim Granatapfel wurden die Kerne vorher gelöst. Man aß sie in kleinen Schalen mit Löffeln. Meine Eltern und ihre gemeinsamen Freunde besuchten sich regelmäßig. Dann wurden den Gästen neben Tee auch andere Getränke serviert. Man knabberte dazu Nüsse und getrocknetes Obst wie Aprikosen und Feigen. Die Nüsse, darunter Pistazien, Mandeln, Sonnenblumenkerne, Kürbiskerne und andere Leckereien waren frisch geröstet und gesalzen und wurden in kleinen Schalen auf einem Tablett serviert. Vor allem die Mädchen liebten es, Sonnenblumen- und Kürbiskerne zu knabbern. Sie waren darin große Künstlerinnen, denn die Kerne wurden einzeln in den Mund gelegt und mit einer sagenhaften Schnelligkeit der essbare innere Teil von der harten Haut der Kerne getrennt. Während der innere Teil gegessen wurde, spuckten sie die Haut in die Hand und sie wanderte in eine Abfallschale. Die Leute konnten dies den ganzen Abend lang tun und sich dabei über alles gut unterhalten und amüsieren. Regelmäßig machten meine Eltern mit befreundeten Familien auch Picknick in den Bergen westlich von der Stadt. Manchmal waren es nur Tagesausflüge, manchmal blieben wir auch nachts und verbrachten zwei bis drei Tage dort. Wir waren dann viele Kinder und das machte richtig Spaß. Je nach Jahreszeit gab es in den Gärten der dortigen Bauern alle kostbaren Früchte, die die Bauern rund um die Uhr bewachten. Meine Eltern bestellten bei den Bauern große Mengen Früchte und bezahlten dafür. Dann war es uns auch nicht verboten, auf die Bäume zu klettern und hin und wieder auch ein Stück Obst zu pflücken. Die Bauern waren sehr nett und nahmen uns mit auf ihre Maultiere. Sie legten auf den Sattel noch einen kleinen Perserteppich, damit der Sattel weich war. Ich erinnere mich an einen Zwischenfall, der zum Glück gut und glimpflich ausging. Zwei Freunde, die ebenfalls aus einer angesehenen Familie stammten und ich ritten auf drei Eseln, die die Bauer bereitgestellt hatten. Während unsere Eltern zusammen saßen, waren wir mit unseren Eseln ein beachtliches Stück geritten, wobei wir Cowboy spielten und dabei hin und wieder auch zu Boden fielen. Plötzlich entdeckten wir Beerenbäume, die in der Sonne rötlich glänzten. Wir beschlossen, auf die Bäume zu klettern und von den Beeren zu essen. Diese Sorte Beeren war sehr selten anzutreffen, da sie besonders lecker war, aber sehr stark färbte. Wir zogen uns bis auf die Unterhosen aus und kletterten auf die Bäume. Minuten später tauchte ein Bauer mit Stöcken in der Hand auf, als ob er es gerochen hätte und begann, uns zu beschimpfen und zu verfluchen. Er forderte uns schreiend auf, herunterzukommen, damit er uns den wahren Geschmack der Beeren lehren könne. Wir bekamen es mit der Angst zu tun und fingen an zu heulen. Er schleuderte weitere Flüche in die Luft und wollte unter anderem feststellen, aus welchen heruntergekommenen Familien wir stammten. In diesem Augenblick sagte mein Freund, dass wir die Kinder der Familien S. und G. sind. Der arme Bauer erstarrte vor Angst, ließ die Stöcke zu Boden fallen und bedauerte sein Fluchen. Wir stiegen von den Bäumen herab und sahen, dass wir schnellstens zu unseren Eltern zurückkamen. Natürlich erzählten wir die Geschichte anders und zu unserem Vorteil.

Kapitel 5

Mein Vermieter war bei dem Überfall der deutschen Wehrmacht in Russland Soldat und nach Ende des Krieges in russische Gefangenschaft geraten und schwer misshandelt worden. Die Folge der Misshandlungen war für ihn die Impotenz. Mit einunzwanzig Jahren war er dann heimgekehrt und hatte seine geliebte Frau geheiratet. Sie blieben kinderlos. Über die Russen hatte er natürlich keine gute Meinung, sprach aber lieber gar nicht über die schreckliche Zeit seiner russischen Gefangenschaft. Im Gegensatz zu ihm war der Lebensmittelhändler, der ein Ladenlokal des Hauses gemietet hatte, sehr gesprächig und machte kein Hehl aus seiner Abneigung gegenüber den Russen. Er erzählte mir immer wieder, dass er viele Russen im Krieg getötet habe. Für ihn war der Krieg nur verloren worden, weil nicht alle deutschen Soldaten ihr Bestes gegeben hätten. Seine blonde Frau ermahnte ihn mit „Karl-Heinz!", wenn er zu laut wurde oder Kunden in den Laden kamen.

Das Haus, in dem er und seine Frau im Erdgeschoss wohnten und ihre Schuhmacherei betrieben, gehörte seinem Vater, der im zweiten Stockwerk wohnte. Im dritten Stock bewohnte seine Schwester mit ihrer Familie eine große Wohnung. Das Verhältnis zu seiner Schwester war nicht gut. Sie hatten einen Sohn, von dem man mir erzählte, dass er von einem Soldaten der englischen Besatzungsmacht gezeugt worden sei. Solche und ähnliche Geschichten waren für mich absolut neu und ich wusste nicht, wie ich es mir vorstellen sollte. Später habe ich etliche Stories dieser Art in Romanen gelesen. Mir wurde klar, dass die Mädchen in den meisten Fällen in westlichen Besatzungsgebieten, wo Engländer, Amerikaner und Kanadier stationiert gewesen sind, gern ein Verhältnis eingegangen sind. Und später habe ich vieles über die Vergewaltigungen durch die russische Armee in den östlichen Teilen des dritten Reiches aus den Büchern erfahren. Die russische Armee hat aber auch die gefangenen Juden aus dem Konzentrationslager Auschwitz befreit.

Der Vater mochte seinen Sohn nicht. Er erzählte mir, dass er von ihm nichts erben solle. Er war ein alter Mann und bezeichnete den Sieg der Russen gegen Deutschland als Schande. Einmal fragte er mich, ob ich für ihn das Garagentor mit Farbe streichen könnte. Dafür wollte er mir ein altes Fahrrad schenken. Das Fahrrad, das ich mit ihm aus dem Keller holte, war uralt, aber funktionstüchtig. Am nächsten Tag fuhr ich damit zum ersten Mal zur Uni und stellte es am Hauptgebäude ab, wo wir eine Mathematikvorlesung hatten. Nach der Vorlesung war es weg und alle Mühen waren vergeblich, es wiederzufinden. Die

Polizei riet mir, das nächste Mal das Fahrrad abzuschließen. Dem Vater meines Vermieters, der mir das Fahrrad geschenkt hatte, erzählte ich die Geschichte lieber nicht. Er war unbarmherzig. Ich musste dann an meinen lieben Vater denken und was er alles für uns getan hatte und jetzt noch tat.

Kapitel 6

Die Eltern meines Vaters habe ich nicht gekannt. Sie müssen aber aus der Region *Yazd* im Zentraliran gekommen sein. Mein Vater hatte eine Schwester und einen Bruder und war der älteste von ihnen. Ich weiß nicht, welche schulische Ausbildung er genossen hatte, aber er war sehr gebildet und belesen. Er war der mächtigste Mann in der Finanzverwaltung des Bezirkes, wenn auch offiziell ein von der Finanzverwaltung der Provinz entsandter Beamter den Chefposten bekleidete. Diese blieben maximal drei bis vier Jahre in der Stadt und wurden dann durch neue Beamte ersetzt. Um in diesem Rhythmus nicht eingebunden zu werden, war es nie der Wunsch meines Vaters gewesen, den Chefposten zu übernehmen. Aber alles wurde nach seiner Sicht der Dinge ausgeführt. Er war ein äußerst genauer Beamter und immer maßgeschneidert gekleidet. Nie ging er ins Amt, ohne einen Anzug mit Krawatte zu tragen und trug auf der Straße stets einen Chapeau. Die Öffnungszeiten des Amtes waren samstags bis donnerstags von acht Uhr morgens durchgehend bis zwei Uhr am Nachmittag. Seine Arbeitsdisziplin war den anderen Beamten bekannt, und sie fürchteten ihn regelrecht. Er konnte auch richtig laut und zornig werden, wenn Unregelmäßigkeiten bekannt wurden.

Die Finanzverwaltung hatte zu dieser Zeit eine besondere Bedeutung. Der zweite Weltkrieg war beendet. Der Iran war von den Engländern und Russen besetzt. Insbesondere nutzten die Engländer Iran als Durchgangsweg nach Indien. weltweite Nahrungsmittelknappheit hatte dazu geführt, dass der Handel mit allen wichtigen Grundnahrungsmitteln im Monopol des Staates war. Lastkraftwagen brachten Getreide, Reis, Tee, Zucker, Alkoholika und weiteren Gütern plombiert von der Provinzhauptstadt und wurden im Beisein der Beamten der Finanzverwaltung abgenommen und zentral gelagert. Von hier aus wurden die Händler nach Maßgabe der Finanzverwaltung beliefert. Oft wurden die beladenen Lastkraftwagen unterwegs von bewaffneten Banden überfallen und beraubt. Daher mussten die Lastwagen im Konvoi fahren und wurden von Gendarmen eskortiert. Damals in den fünfziger Jahren wurde im Iran und insbesondere in den östlichen Regionen legal Opium angebaut. Die Bauern waren verpflichtet, ihre Ernte zu den von der Finanzverwaltung festgelegten Preisen an den Staat zu verkaufen. Das Ziel war, den Missbrauch von Opium zu verhindern. Auch für diese Aufgabe war die Finanzverwaltung zuständig. Dies war eine sehr schwierige Mission. Denn die Bauern machten falsche Angaben und versuchten so nur einen Teil der Ernte abzugeben. Hier bedurfte es eines harten Durchgreifens des Finanzamtes. Die Beamten, auch immer wieder unter Beteiligung meines Vaters, gingen in die Dörfer und ermittelten durch Schätzung die jeweiligen Ernten der Bauern. Es war ein Feilschen um wenige Gramm von Rohopium. Die so gesammelten Opiummengen, die ganze LKW-Ladungen ausmachten, mussten dann sicher in die Provinzhauptstadt gebracht werden. Das war nur möglich, wenn die Lastwagen von bewaffneten Gendarmen eskortiert wurden.

Mein Vater besaß viele Ländereien und Anteilsrechte an der Wasserversorgung. Der Ackerboden wurde von den Bauern bearbeitet, die von meinem Vater dafür entlohnt wurden. Sie bauten insbesondere Getreide, aber auch Baumwolle, Safran, Opium und vieles mehr an. Das Getreide wurde im Sommer von Hand mit einer Sense geerntet und die Ähren wurden zu einem großen Haufen geformt. Die Trennung des Korns von Spreu erfolgte damals noch nach Jahrhunderten alten Methoden mit Hilfe von Dreschern und Ochsen. Die Drescher waren aus Holz gefertigt. Sie besaßen an der Unterseite zwei bis drei Rundhölzer als Wellen von etwa ein Meter zwanzig Länge, an denen Bretter in Form von kleinen Schaufeln von etwa zehn Zentimeter rund um die Welle befestigt waren. An der Oberseite waren Sitzflächen für die Ochsenführer angebracht. Der Drescher wurde mit Geschirr an einem oder zwei Ochsen angebunden. Der Ährenhaufen wurde zunächst am unteren Ende flach gestaltet, und auf dieses flache Ährenbett setzte man dann den Drescher auf. Nun wurden die Ochsen im Kreis in Bewegung gesetzt und so quetschte der Drescher die Ähren. Immer wieder wurden mit Heuschaufeln neue Massen aus dem halbkegelförmigen Ährenhaufen auf die Spurenfläche des Dreschers geworfen und gequetscht, bis die Körner herausgefallen waren. War der ganze Ährenhaufen gequetscht, wurde die auf dem Boden liegende Mischung aus Korn und Spreu mit den Heuschaufeln in die Luft geschleudert. Dabei fielen die Körner auf den Boden, während die Spreu vom Wind einige Meter fortgetragen wurde und dann auch zu Boden fiel. Nach zwei bis drei Wiederholungen waren die

Körner sauber von der Spreu getrennt. Für uns Kinder war es ein wunderbarer Spaß, wenn die Bauern uns neben sich auf dem Drescher mitnahmen. Hossein informierte uns, wenn es soweit war. Danach juckte es jedoch am ganzen Körper, da sich die feine Spreu in der Kleidung festgesetzt hatte und man sich nur durch Waschen und Neukleiden davon befreien konnte. Meistens bekam Hossein von meiner Mutter eine Rüge, dass er uns mitgenommen hatte. Aber er stand darüber. Das Getreide wurde in unserem Haus im sogenannten Getreidelager gespeichert und diente das ganze Jahr zur Herstellung von Brot. Immer wieder wurde eine kleine Menge zur Mühle gebracht und zu Mehl verarbeitet. Es war eine Wassermühle. In unserer Stadt war die Wasserversorgung durch die *Qanats* sichergestellt. Die *Qanats* sind tausende von Jahren alte Einrichtungen, um das Grundwasser in den sonst trockenen und heißen Regionen im Iran zur Trinkwassergewinnung sowie Wasserversorgung der Landwirtschaft zu nutzen. In den Wintermonaten gibt es unterschiedlich heftige

Regenfälle und das Wasser sickert in den Boden. Es gab und gibt sicher noch heute Fachleute, die aufgrund von bestimmten Merkmalen die Wasserverläufe und Reservoire im Boden ermitteln können. Ist ein bestimmter Wasserverlauf festgelegt, so werden in Abständen von etwa hundert Metern Gruben von ungefähr siebzig Zentimeter Durchmesser gegraben, die abhängig vom mehr oder weniger aufsteigenden Gelände zehn bis hundert Meter tief sein können. Die Länge eines *Qanats* kann bis zu zwanzig Kilometern betragen. Mit der Zeit sammelt sich das Grundwasser in den Gruben. Sind die Gruben miteinander im tiefsten Bereich verbunden, kann das Wasser das Gefälle herunterfließen und am Ende des *Qanats* an die Oberfläche treten. Auf diese Weise sind Dutzende *Qanats* in der Region Gonabad vorhanden, die kleine bis große Wasserbäche bilden und die Wasserversorgung sicherstellen.

Da der Bau eines *Qanats* eine kostspielige Angelegenheit darstellt, sind oft viele Menschen mit ihrem

Kapital an dem *Qanat* beteiligt und erwerben so Wasserrechte (*Fenjun*), die sich in Form von Wasserminuten und Wasserstunden an dem rund um die Uhr fließenden Bach widerspiegeln. Besitzt jemand eine Beteiligung von einer Wasserstunde an einem bestimmten *Qanat*, so bedeutet dies, dass er das Recht besitzt, das komplette Wasser für eine Stunde zu nutzen. Er kann selbst das Wasser nutzen, um beispielweise seine Ländereien und Anbauflächen mit Wasser zu versorgen, oder er kann die Wasserstunde als Ganzes oder in Minuten an Dritte verkaufen. Die Verteilung und Kontrolle des Wasserlaufes über vierundzwanzig Stunden täglich lag in den Händen von Vertrauenspersonen und war höchst professionell organisiert. Das Messgerät zur zeitlichen Messung bestand aus einer halbkugelförmigen Kupferschale, die mit Wasser gefüllt war. Kleinere Schalen mit Angabe von Minuten sorgten für die Messung der Zeit. Sie besaßen unten ein kleines Loch, durch das das Wasser aus der Halbkugelschale in die kleine Schale eindrang. Sollte der jeweilige

Bauer zum Beispiel eine Viertelstunde Wasser bekommen, wurde die entsprechende Minutenschale aufgesetzt. In diesem Augenblick wurde durch einen lauten Schrei der Beginn des Wasserlaufes für diesen Bauer angekündigt. Weitere beteiligte Personen gaben diese Ankündigung entsprechend weiter, bis der für die Öffnung des Wasserweges zum jeweiligen Bauern zuständige Mann informiert war. Dies ging in Windeseile vor sich. Waren fünfzehn Minuten vergangen, wurde das Ende des Wasserlaufes zum entsprechenden Bauern ebenfalls durch einen Schrei markiert. Der nächste Bauer war dran und das rund um die Uhr. Mein Vater und meine Mutter besaßen Beteiligungen an mehreren *Qanats* und hatten ihre Rechte langfristig an die Bauern abgetreten. Dafür erhielten sie Pachtgelder. Übrigens hatten meine Eltern Gütertrennung, die nach islamischem Recht vorgegeben war, so dass jeder für sich handelte.

Mein Vater investierte viel Geld auch in die Viehwirtschaft. Er gab den Viehwirten, die große Herden von Schafen besaßen, Geld, das sie ebenfalls in den Kauf neuer Herden steckten. Beim Verkauf sollten sie meinen Vater entsprechend seiner Beteiligung belohnen. Er soll mit den Viehwirten stets Verträge durch Handschlag geschlossen und damit nie ein Dokument besessen haben. Das war auch ein Thema, das ich aus dem Dauerstreit zwischen meiner Mutter und meinem Vater heraushörte. Ich kann mir das allerdings nicht so einfach vorstellen, doch er war ein Mann, der genau wusste, was er bezweckte. Außerdem hatten die Viehhändler zu viel Angst, ihn zu betrügen. Dennoch habe ich oft aus den Gesprächen mitbekommen, dass ganze Viehherden wegen Seuchen oder der Trockenheit der Steppe vernichtet worden waren und somit auch die investierten Gelder meines Vaters. Meine Mutter bezweifelte diese Aussagen.

Mein Vater bekleidete zahlreiche soziale Ehrenämter. Er war der Vorsitzende des Elternbeirates der Schulen der Stadt. Er sorgte jährlich zum Nouruzfest dafür, dass alle Kinder, die aus ärmeren Familien stammten, einen Anzug und Schuhe bekamen. Er kaufte große Mengen an Kleiderstoffen und ließ die Schneider Anzüge für die Kinder anfertigen. Neue Anzüge bekamen wir, wie alle anderen Menschen im Iran, zum Neujahrsfest. Drei bis vier Monate vorher waren wir Kinder in höchster Aufregung, dass endlich der Stoff beim Stoffhändler ausgesucht und gekauft wurde. Dann wurde der Stoff beim Schneider deponiert und er teilte uns mit, wann wir zum Maßnehmen erscheinen sollten. Die Tage waren dann unendlich lang und ich war bis zu dem genannten Termin bestimmt zwei oder drei Mal bei ihm, um zu fragen, ob er auch vorher Maß nehmen könne, was er immer verneinte. Hatte er Maß genommen, setzte er wieder einen Termin für die erste Probe fest. Anschließend wurde die letzte Probe gemacht und endlich durften wir unsere Anzüge mit nach Hause nehmen und warten, bis *Nouruz* kam. Mein Vater war zudem der Ansprechpartner für die Belange des Roten Kreuzes der Stadt, das damals „Gesellschaft des roten Löwen und der roten Sonne des Iran" (*Anjoman-e schir-o Khorschid-e sorkh-e Iran*) hieß. In dieser Aufgabe war er jährlich ein bis zwei Mal in Teheran und nahm dort an Tagungen teil. Bei einer dieser Tagungen war der Schah persönlich anwesend und hatte zu den Delegierten gesprochen. Mein Vater besaß ein Foto, auf dem er gemeinsam mit dem Schah zu sehen war. Das machte ihn stolz. Er war auch der Gründer der Pfadfinderbewegung der Stadt. Ich war viele Jahre als einziger in meiner Familie Pfadfinder. Die Ziele und Ideale der Bewegung fand ich sehr gut und machte alles mit. Die Uniform, bestehend aus einer Hose, einem Hemd mit zwei Brusttaschen und dem hellblauen Schal zog ich gern an. Insbesondere waren die Ausflüge zu Fuß oder mit dem Fahrrad immer sehr interessant. Wir nahmen etwas zum Essen und Trinken mit und machten neben Diskussionen über die guten Taten des täglichen Lebens auch Spiele. An dem internationalen Pfadfindertreffen in Teheran 1957, das in den Bergen um Teheran stattfand und an dem Boy Scouts aus zahlreichen Ländern teilnahmen, war ich beteiligt. Riesige Bagger hatten die hügelige Landschaft in Terrassen umgeformt, auf denen wir Pfadfinder unsere Zelte aufgeschlagen haben. Für diese Reise hatte sich auch mein älterer Bruder als Pfadfinder registrieren lassen und war mit dabei. Als die Boy Scouts aus Pakistan auf ihrem Wege nach Teheran in unserer Stadt einen Stopp machten, empfingen wir sie freundlich und bewirteten sie. Für mich war es das erste Mal, mich mit Menschen auf Englisch zu unterhalten und ich war äußerst stolz. Die Menschen in der Stadt waren immer sehr freundliche Gastgeber.

Mein Vater war viele Jahre Bürgermeister der Stadt und realisierte in seiner Amtszeit viele wichtige und bahnbrechende Projekte. Das wichtigste Projekt war die Einführung der Elektrizität in unserer Stadt. Bei einer seiner jährlichen Reisen nach Teheran im Jahr 1954 hatte er sich für die Elektrifizierung interessiert und als erstes kleines Projekt einen Dieselmotor der

Marke Skoda gekauft. Der Motor hatte eine Leistung von hundert Kilowatt und war zunächst ausreichend, um die Straßenbeleuchtung zu ersetzen und die Häuser von einem Dutzend vermögender und einflussreicher Familien mit elektrischen Lampen zu versorgen. Strommasten aus traversiertem Holz wurden in den beiden großen Straßen der Stadt installiert, an denen die neuen Straßenlaternen hingen. Bis dahin bestanden die Straßenlaternen aus Petroleumlampen. Für das neue Kraftwerk hatte mein Vater ein Grundstück zur Verfügung gestellt, auf dem ein entsprechendes Gebäude errichtet wurde. Der Dieselmotor hatte ein großes Schwungrad, mit dem er auch abends, wenn es dunkel wurde, angeworfen wurde. Dazu benötigte man neben dem Mechaniker, der nun als Verantwortlicher für das Kraftwerk diente und in dieser Funktion hohes Ansehen genoss, einen zweiten Mann. Für die Kühlung des Motors hatte man ein kleines Wasserbecken neben dem Haus errichtet. Der Schalter für die Straßen- und Häuserbeleuchtung war ein langer Hebel und wir Kinder fanden es hochinteressant, wenn der Mechaniker uns das Kraftwerk und den Schalter erklärte. Der erzeugte Strom hatte eine geringe Frequenz, was man deutlich am An und Aus der Glühbirnen sehen konnte. In unserem Haus, in dem als erstes elektrische Leitungen gelegt wurden, bekamen das Wohnzimmer, die Kinderzimmer und das große Empfangszimmer sowie die Halle und die Küche je eine elektrische Lampe. Die Leitungen waren über Putz verlegt und die Schalter waren Drehschalter. An dem Abend, als das erste Mal die elektrische Beleuchtung der Straßen und Häuser eingeschaltet wurde, waren die Menschen alle auf den Straßen und es herrschte eine unvergessliche Stimmung. Die Kinder, deren Häuser noch keine Elektrizität hatte, bettelten bei mir, nur einmal bei uns zu Hause den Schalter für eine Lampe betätigen zu dürfen. Sie waren bereit, alles als Gegenleistung zu geben. Ich ließ sie es tun und gab dabei Erläuterungen auf ihre Fragen, die ich aus den Gesprächen zwischen den Erwachsenen aufgeschnappt hatte. Der Wunsch nach elektrischem Strom hatte danach alle

Menschen so erfasst, dass eine Erweiterung bald in Angriff genommen wurde. Der nächste Motor hatte fünfhundert Kilowatt Leistung und wurde ein Jahr später in Betrieb genommen. Nun wurden viele weitere Häuser elektrifiziert und auch die Nebenstraßen und Gassen bekamen Laternen. Für mich als Schüler war es ein wunderbarer Fortschritt, denn von jetzt an konnte ich meine Hausaufgaben abends unter dem elektrischen Licht machen. Vorher hatten wir Petroleumlampen oder Gaslampen. Der Docht der Petroleumlampen musste regelmäßig getauscht werden. Die Gaslampen konnte nur mein Vater in Gang setzen, da vorher der sogenannte Strumpf eingesetzt und gepumpt werden musste.

Bei einer seiner Reisen 1952 überraschte uns mein Vater mit der Nachricht, dass er ein Auto mitbringen würde. Zu der Zeit gab es privat nur ein einziges Auto in unserer Stadt. Die Nachrichten über meinen Vater, wenn er verreist war, erreichten uns über Leute, die ebenfalls auf Reisen waren und ihn getroffen hatten. Auch Briefe schickte er in Abständen, denn seine Reisen dauerten meistens zwei bis drei Monate. Die Nachricht vom Kauf eines Autos erreichte die ganze Stadt in Windeseile. Keiner wusste, was er für ein Auto gekauft hatte. Zu der Zeit war ich in der zweiten Grundschulklasse. An dem Tag, an dem mein Vater eintreffen sollte, fuhren ihm viele seiner Freunde und Bewunderer in einem Bus etliche Kilometer entgegen, um ihm auf diese Weise ihre Verehrung kundzutun. An dem Tag hatten die Schüler der zweiten Klasse, also meiner Klasse, zu viel Randale gemacht, als der Lehrer die Klasse für einige Minuten verlassen hatte. Als er wieder zurückkam, bestrafte er uns für unsere Unruhe. Wir mussten eine Stunde lang vor der Toilette stramm stehen. Nach einer Stunde kam er und fragte, ob ich mit ihm zu meinem Vater, der gleich ankommen werde, mitgehen wolle. Natürlich wollte ich und so war ich dabei, als das Auto meines Vaters plötzlich in der Ferne auftauchte und der Wind den Staub der Straße zu einer riesigen Wolke formte. Es war ein amerikanischer Jeep.

Das Hobby meines Vaters war es, im Garten zu arbeiten. Er beschnitt die Obstbäume persönlich, wobei Hossein ihm stets zur Seite stand. Junge Obstbäume wurden von ihm in einer unglaublichen Präzision veredelt. Viel Zeit verbrachte er nachmittags, wenn er vom Amt gekommen war, gegessen und geschlafen hatte, mit dem Jäten von Unkraut. Ich half ihm öfter, wobei ich dann auch eine kleine Belohnung von einem Rial bekam. Meine Brüder dagegen hatten dazu keine Lust. Er war auch ein Meister im Improvisieren und Reparieren von allen möglichen Sachen im Haus. Galt es zum Beispiel, eine Absperrung für die Wasserentnahme aus dem durch unser Haus fließenden Bach zu den Blumenbeeten zu errichten, fertigte er die Öffnung sowie den Schließkegel aus Beton selbst und baute sie an Ort und Stelle ein. Selten kaufte er so eine Einrichtung. Es machte ihm Spaß, kreativ tätig zu sein, wenn auch diese Dinge am Ende nicht so gut aussahen.

Etwa zwanzig Kilometer von der Stadt entfernt besaß mein Vater ein kleines Dorf, in dessen *Qanat* er viel Geld investierte, ohne dass sich der Wasserfluss wesentlich verbesserte. Zwei Bauernfamilien arbeiteten dort. Um das Dorf herum stiegen die Berge mehrere hundert Meter in die Höhe und waren so der Inbegriff von Ruhe und Einsamkeit. Regelmäßig fuhren wir hin und blieben den ganzen Tag dort. Wir konnten am Wasser spielen, die Bauern ließen uns auf ihren Eseln reiten. Im Dorf hatten meine Eltern ein kleines Häuschen, das sie bewohnten, wenn sie dort waren. Zuerst musste das ganze Haus geputzt werden, um Staub, der in großen Mengen anzutreffen war, zu beseitigen und auch aus Angst vor Skorpionen und sogar Schlangen. Die fürchteten wir Kinder sehr. Einmal war ich mit meinem Vater allein ins Dorf gefahren und wir übernachteten dort. Mein Vater besaß mehrere Gewehre, die aus dem zweiten

Weltkrieg stammten. Nach dem Krieg war angeordnet worden, dass alle Leute, die Gewehre besaßen, sie abzugeben hatten.

Mein Vater hatte viele Freunde. Mit ihnen verbrachte er regelmäßig Abende, meistens bei uns zu Hause. Bei diesen Treffen wurde leidenschaftlich Backgammon (*Takhté*) gespielt und getrunken. Dazu gab es immer eine Kleinigkeit zu essen. Üblich waren Brot mit Kräuterquark, Omelett, aber auch geröstete Pistazien und Mandeln. Beim Backgammon wurden regelrechte Wettkämpfe ausgetragen. Sie spielten manchmal auch Karten. Dabei wurde eine Art Doppelkopf gespielt. Ich habe das Spiel nie begriffen.

Manchmal wurde Alkohol (*Aragh)* aus eigener Herstellung serviert. Dazu wurden unreife Trauben in Keramikgefäße eingefüllt, die etwa ein Meter und zwanzig hoch waren mit einem Durchmesser von fünfzig Zentimetern. Zur Destillation stand ein Destilliergerät aus Kupfer zur Verfügung, das mit Wasser oben gekühlt wurde. Nach den nächtlichen Feiern fühlte sich mein Vater am nächsten Tag nicht wohl. Er hatte Gliederschmerzen und war nicht gut gelaunt.

Mein Vater hat vielen Menschen in unterschiedlichen Formen geholfen. Er war ein Förderer von Kindern armer Leute, die in der Schule besonders gut waren. In der Klasse meiner Brüder im Gymnasium war ein Junge, der in allen Fächern der Beste war und nur die bestmögliche Note zwanzig schrieb. Im Iran war die beste Note Zwanzig und die schlechteste Null. Die Note Zehn war gerade bestanden. Er kam aus einer Familie, die nicht einmal so viel Geld besaß, um ihm Schuhe und Hosen zu kaufen. Mein Vater ließ ihn mit meinen Brüdern Hausaufgaben machen und gab ihm dafür Geld. Nach dem Abitur half er ihm finanziell nach Teheran zu reisen und an der jährlichen zentralen Aufnahmeprüfung für die Universitäten teilzunehmen. Er bestand die Prüfung für die medizinische Fakultät mit Bravour, so dass die Armee ihm ein Angebot machte, nach dem Studium zehn Jahre beim Militär als Arzt zu dienen, dafür wurden alle seine Kosten übernommen. Später verließ er nach der Ableistung seiner Verpflichtungen die Armee und eröffnete eine renommierte Praxis. Mein Lehrer für Persisch kam ebenfalls aus sehr ärmlichen Verhältnissen. Er gab meinen Brüdern Nachhilfeunterricht. Sein Vater hatte einen kleinen Laden für Obst und Gemüse. Das Ladenlokal gehörte meiner Mutter. Oft konnte er die Miete nicht bezahlen. Mein Vater half dem Lehrer, nach Teheran zu gehen und dort seine Doktorarbeit in Philosophie zu schreiben. Er machte später große Karriere. Im Haus neben uns wohnte eine Bahai-Familie. Eines Tages hatte sich eine größere Menge von religiösen Fanatikern vor deren Haus versammelt und verfluchte diese Menschen, weil sie nicht Muslime waren. Als ich laute Beschimpfungen hörte, ging ich vor die Haustür und bekam richtig Angst, was noch passieren könnte. Nach etwa fünfzehn Minuten kam mein Vater nach Haus. Er stieg aus dem Auto, ging in Richtung der skandierten Masse und forderte sie in einem entschlossenen Ton auf, die Versammlung aufzulösen und zu verschwinden. Kaum hatte er einen Satz gesprochen, sah der Mob, dass er wegkam. Aus Angst, der Familie könnte später etwas passieren, nahm er sie in unser Haus auf und sie blieben einige Tage bei uns. Die Familie hatte dann den Wunsch, aus der Stadt wegzugehen und in die Provinzhauptstadt zu ziehen. Mein Vater schickte sie mit einem Lastwagen, der am Tag Zucker geliefert hatte, dort hin. Der LKW kam vor unser Haus, als es dunkel geworden war, und die Familie konnte zusteigen. Viele Jahrzehnte später hörte ich in Deutschland über Dritte, dass der Sohn der Familie sich an dieses Ereignis erinnerte und heute noch dankbar war. Aufgrund der mörderischen Verfolgung der Bahais im heutigen Iran durch das klerikale Regime wäre es wünschenswert, dass diese Geschichte für mehr Menschen zum Vorbild würde.

Auch für uns Kinder tat mein Vater alles, was für die Bildung wichtig war. Er ließ meine Brüder in einer renommierten Schule in der Provinzhauptstadt aufnehmen. Nach einem Monat kamen sie jedoch wieder zurück. Sie kamen miteinander nicht zurecht und hatten Heimweh. Als ich die Orientierungsstufe des Gymnasiums beendete, äußerte ich den Wunsch, ein mathematisches Gymnasium zu besuchen. Mein Vater ließ mich in dem besten mathematischen Gymnasium in der Provinzhauptstadt einschreiben. Auch später, als ich das Abitur als Drittbester in der Provinz beendete und im Ausland zu studieren wünschte, willigte er sofort ein.

Kapitel 7

Wenige Tage nachdem ich mit meinem Vater über das Studium in England gesprochen hatte, besuchten meine Eltern eine bekannte Familie, deren Tochter in Deutschland studierte und zu einem Besuch in unserer Stadt war. Meine Eltern nahmen mich mit. Ich sollte mit ihr sprechen und mich über die Möglichkeit eines Studiums in Deutschland informieren. Als wir sie im Hause ihrer Großeltern trafen, waren zwei deutsche Männer mit dabei. Ich sprach mit ihnen englisch, so gut ich in der Lage war und erzählte ihnen von meinen Plänen des Studiums in England. Es stellte sich schnell heraus, dass die beiden Herren und unsere Bekannte im Goethe-Institut in Teheran arbeiteten. Sie sagten zu mir, wenn sie sich meine Pläne und Noten betrachten, dann käme für mich nur die beste technische Hochschule in Deutschland, nämlich die RWTH Aachen in Frage. Als ich erwiderte, ich könne ja kaum ein Wort Deutsch sprechen, meinten sie, das sei eine überwindbare Arbeit. Am Ende des Abends gaben sie mir ihre Visitenkarten und sagten, wenn ich einmal in Teheran sei, solle ich im Goethe-Institut vorbeischauen.

Zwei Wochen später fuhr ich nach Teheran, um mich mit den notwendigen Büchern und Unterlagen für die zentrale Aufnahmeprüfung zu versorgen. Meine älteste Schwester wohnte in Teheran. Ihr Mann hatte ein Haus in einem Neubaugebiet gebaut und war der Meinung, dass dort die Immobilienpreise stark wachsen würden. Es blieb sehr lange eine öde Gegend, weil die Stadt Teheran nicht bereit war, die notwendige Infrastruktur zu realisieren. Als ich am Teheraner Hauptbahnhof ein Taxi bestieg, sagte ich dem Fahrer, dass das Haus sehr weit draußen läge und wir verabredeten einen höheren Taxipreis als normal. Als das Taxi in der von mir beschriebenen Gegend angekommen war und wir das Haus meiner Schwester nicht fanden, wollte er Kehrt machen. Es gelang mir, ihm noch ein paar *Tuman* zu versprechen, damit er weiter fuhr, bis wir das Haus entdeckten. Das Haus war schön und idyllisch. Nur war es sehr einsam und meine Schwester fühlte sich dort nicht wohl. Am nächsten Tag ging ich nachmittags in die City. In einer Seitenstraße des berühmten Pahlavi-Boulevards lag das Goethe-Institut. Das war eine schöne alte Villa mit einem kleinen Vorhof. Ich betrat das Gebäude und befand mich in der Empfangshalle. Ich fragte nach Herrn V. Die Dame sagte mir auf Persisch, dass er im Moment Unterricht habe und ich in der Bibliothek warten möchte. Sie war Deutsche und ihr Persisch klang interessant, denn ich hatte bis dahin kaum mit einem Ausländer, der Persisch sprach, Kontakt. Eine Ausnahme bildete der Englischlehrer, der Amerikaner war und Persisch mit seinem amerikanischen Akzent sprach. Die Bibliothek des Goethe-Instituts war geräumig und mit Parkett belegt. An den Wänden standen Bücherregale und Informationsmaterial. Einige kleine Kinder saßen auf dem Boden und lasen in ihren Kinderbüchern. Wenige Minuten später öffnete sich eine Tür und Herr V. kam herein. Er begrüßte mich herzlich, so dass ich annehmen konnte, er habe mich wiedererkannt. Gleich kam er zur Sache und sagte, morgen um achtzehn Uhr beginne ein neuer Anfängerkurs und ich könne daran teilnehmen. Ohne auch nur eine Sekunde nachzudenken, sagte ich: „Ja, ich werde kommen." Er verabschiedete sich und ging durch dieselbe Tür wieder weg, durch die er gekommen war. Ich fragte dann die Dame am Empfangstisch nach Frau T., die Bekannte von uns, die ich mit Herrn V. getroffen hatte. Sie war aber an dem Tag nicht im Goethe-Institut. Die Dame sagte, dass sie morgen Unterricht habe. Ich nahm den Bus und fuhr nach Hause. Ich konnte kaum den nächsten Tag abwarten und war sehr angespannt.

Zu dieser Zeit studierte mein älterer Bruder in Teheran an der *Daneschsarayealiye Tehran* das Fach Mathematik. Diese Hochschule war ein Abbild der *École Normale Supérieure* de Paris, eine der angesehensten *Grandes Écoles* in Frankreich. Diese wurde im Jahr 1794 mit dem primären Ziel der Ausbildung für Forschung und Lehre an Gymnasien und Universitäten gegründet. Ich konnte bei meinem Bruder wohnen. Um den Iran für ein Studium im Ausland zu verlassen, war es eine unabdingbare Voraussetzung, dass man eine Prüfung absolvierte, bei der die Sprache des Gastlandes eine unverzichtbare Bedingung war. Das Problem lag darin, dass man nach dem Abitur eigentlich zum Militärdienst eingezogen wurde. Es sei denn, man nahm ein Studium auf. Die zweite Voraussetzung war, dass eine Zustimmung einer Universität des Gastlandes zu einem Studium nachgewiesen werden konnte. Also stand ich vor zwei äußerst schwierigen Aufgaben. Eine Zustimmung zum Studium an der RWTH Aachen zu erhalten, wie mir die Mitarbeiter des Goethe-Instituts empfohlen hatten, schien mir zuerst nicht unlösbar. Denn einer meiner besten Freunde hatte gerade ein Jahr vorher diesen Weg bestritten und ich beschloss, umgehend mit ihm in Kontakt zu treten. Er schrieb mir, welche Unterlagen benötigt würden, um den Antrag auf Zulassung zum Studium stellen zu können. Ich musste zuerst das Abiturzeugnis, den Personalausweis und einen Lebenslauf ins Deutsch übersetzen lassen. Es vergingen Wochen, bis alles versandfertig vorlag. Die Zulassung der RWTH kam relativ zügig und zwar für das Fach Elektrotechnik ab Wintersemester 1965. Ich war fest entschlossen, den Deutschkursus am Goethe-Institut zu Ende zu bringen und mir so viel deutsche Sprachkenntnis anzueignen, dass ich die Prüfung bestehen konnte. Ich meldete mich rechtzeitig zu der Prüfung an und lernte Tag und Nacht Deutsch. Ich kaufte mir ein Buch zur deutschen Grammatik und ein Deutsch-Persisches Wörterbuch und fing an, außerhalb des Kursus die grammatischen Grundregeln zu lernen. Das größte Problem ergab sich hinsichtlich der Artikel „der, die, das" zur Bezeichnung des Geschlechts der Wörter. Es war für mich zuerst schwer zu begreifen, warum man eine Geschlechtsunterscheidung der Wörter brauchte. Denn im Persischen gibt es keine Artikel und demnach unterscheidet man nicht, welches Geschlecht ein Wort hat. Dann war das zweite Problem, dass die Unterscheidung zumindest bei den wenigen Wörtern, die ich bis dahin kannte, irgendwie unlogisch war. Es hieß der Mond. Der Mond ist aber im Persischen eher weiblich, denn in der persischen Literatur wird die schöne Frau stets mit der Schönheit des Mondes und des Mondscheins verglichen. Dagegen stimmte es bei den Wörtern Frau, Mann und Kind. Nach Rücksprache mit Frau T. aus dem Goethe-Institut, die mir freundlicherweise außerhalb des Instituts in ihrer schönen Wohnung einige Stunden bei der Grammatik allgemein und Satzbildung und Aussprache half, war mir klar geworden, dass man die Wörter mit den jeweiligen Artikeln auswendig lernen musste und keine Möglichkeit bestand, bei meinem damaligen Kenntnisstand den Artikel zu erraten. Also fing ich an, auf kleinen Zetteln die neuen deutschen Wörter zu schreiben und die Zettel an alle möglichen Gegenstände in der Wohnung zu heften. So wurde ich ständig mit den Wörtern konfrontiert und mein Wortschatz wuchs rasant. Mein Bruder schimpfte, wenn er seine Kleider nahm und schon wieder einen Zettel fand. Mit der Zeit aber gewöhnte er sich daran und lachte, wenn auf einem Teller das Wort „der Teller" stand. Er sagte dann das gleiche Wort in Französisch und zeigte, dass er einiges vom Schulfranzösisch im Gedächtnis hatte. Probleme bereitete die Aussprache der Wörter mit einem Umlaut. Denn im Persischen und auch im Englischen ist der Umlaut nicht vorhanden und ich musste mich äußerst anstrengen, um die richtigen Töne zu erzeugen. Bei „ü" klappte es lange nicht und mein „ö" klang nicht anders als mein „o". Das kann man aber bei sehr vielen Persern, die lange in Deutschland leben und perfekt deutsch sprechen, heraushören. Die deutsche Grammatik hat mir vom Anfang an sehr viel Spaß gemacht. Immer wieder verglich ich mein Wissen in Englisch mit dem, was ich schon an Deutsch gelernt hatte und konnte so neue Themen finden, in denen ich mein Wissen in Grammatik und Wortschatz erweitern sollte. Nebenbei versuchte ich herauszufinden, wie die Auswahlprüfung für die Erlaubnis zur Ausreise zum Studium in Deutschland aussehen würde. Ich kannte keine Leute, die darin Erfahrung hatten. Also blieb mir nur die zuständige Amtsstelle bei der Teheraner Schulbehörde. Mit den dort erfragten Informationen bereitete ich mich auf die Prüfung vor. Außerdem wurden alle weiteren Informationen zu der Prüfung dort an einer Informationswand veröffentlicht. Es war Routine geworden, ein- bis zweimal wöchentlich dort vorbeizuschauen, ob es etwas Neues gab. In den Jahren 1963 und 1964 hatte es schwere Studentenunruhen an den Teheraner Universitäten gegeben, die letztlich zur Schließung des Lehrbetriebs für viele Monate geführt hatten. Erstmals war auch der in Feindschaft zum Regime des Schahs stehende Ayatollah Chomeini in Erscheinung getreten und verhaf-

113

tet worden. Nur weil wichtige Ayatollahs mit großer religiöser Gefolgschaft wie Ayatollah Schariatmadari, Ayatollah Milani, Ayatollah Mantazari sich für ihn eingesetzt hatten, hatte der Schah und sein Geheimdienst- und Justizapparat auf eine Hinrichtung Chomeinis verzichtet und ihn des Landes verwiesen. Chomeini fand im damaligen Irak in der heiligen Stadt Nadjaf Zuflucht. Von hier aus führte er den Kampf gegen das Schahregime fort und wurde von Saddam Hossein unterstützt. 1978 wurde er von Saddam aus dem Irak vertrieben und fand Exil in Frankreich. Von Neauphle le Château aus beeinflusste er die Revolution im Iran, die im Februar 1979 zur Vertreibung des Schahs aus dem Iran und zur Gründung der Islamischen Republik Iran führte.

Im Zusammenhang mit den Studentendemonstrationen und der Schließung und Wiedereröffnung der Universitäten in Teheran waren jeden Tag neue Nachrichten und Gerüchte im Umlauf, dass die Behörden und insbesondere der berühmt-berüchtigte

Geheimdienst SAVAK planten, die Ausreise von jungen Iranern ins Ausland drastisch zu erschweren. Denn auch im Ausland waren traditionell die iranischen Studenten gegen das Regime aktiv. Diese Nachrichten bedeuteten für mich, dass Zweifel angebracht war, ob die nächste Prüfung überhaupt stattfinden würde. Fast täglich ging ich zur Schulbehörde, um die Informationswand dort nach derartigen Bekanntmachungen zu überprüfen. Diese Ungewissheit war zermürbend und wirkte sich deutlich auf meine Psyche aus. Ich versuchte mit Leistung in der Erlernung der deutschen Sprache und in der Vorbereitung der gefürchteten, für mich Schicksal bestimmenden Prüfung entgegenzuwirken. Endlich fand ich eines Nachmittags eine Liste der Kandidaten für die Prüfung für die Erlangung der Ausreise zum Studium im Ausland auf der Informationswand der Schulbehörde. Ich suchte meinen Namen auf der Liste, wobei mir die Augen vor lauter Aufregung die Gefolgschaft verweigerten. Diese Information der Schulbehörde war auf der Informationswand so hoch angebracht, dass es nicht einfach war, die im Verhältnis dazu in kleiner Schrift aufgelegte Liste deutlich zu lesen. Ich glaube, ich las die Liste ein Dutzend Mal von oben nach unten und umgekehrt. Aber es war nicht zu übersehen, dass mein Name auf der Liste stand und ihm eine Identifikationsnummer zugeordnet war, die für alle weiteren Schritte und insbesondere die Prüfung und deren Ergebnis erforderlich war. Ich notierte mir diese Nummer *334* und dabei zitterte meine Hand. Die Identifikationsnummer lernte ich sofort auswendig und hatte sie viele Jahre im Kopf parat.

Am Prüfungstag war ich ruhig und selbstsicher. Die Prüfungsaufgaben zu den naturwissenschaftlichen Fächern Mathematik, Physik, Chemie etc. waren für mich nicht schwer, so dass ich sie zügig erledigen konnte. Die Fragen und Aufgaben zur deutschen Sprache fand ich machbar, so dass ich auch dabei gut vorankam. Den Grammatikteil der Aufgaben konnte ich fast komplett lösen. Einige Wörter waren mir neu, aber ich hatte das Gefühl, ausreichend viele Fragen und Aufgaben richtig beantwortet zu haben. Die Ergebnisse der Prüfung wurden für ein Datum vier Wochen nach der Prüfung angekündigt. Ab Mitte der vierten Woche ging ich jeden Tag zur Informationswand, bis endlich eines Tages die Prüfungsergebnisse dort hingen. Wie vorher war die Schrift klein und die Liste hang wieder relativ hoch. Aber es war ohne Probleme möglich, die Identifikationsnummer zu entziffern. Rechts neben der Identifikationsnummer *334* stand „Bestanden". Ich war vor Freude darüber nicht zu bremsen. Neben mir standen viele Kandidaten, die mir gratulierten. Bei den meisten von ihnen sah man, dass das Ergebnis nicht positiv war. Ich fuhr mit dem Bus nach Hause, um meinen Bruder zu informieren. Es gab ja damals kein Mobiltelefon, so dass ich die Fahrzeit im Bus ungestört nutzte, um zu mir zu finden und zu überlegen, wie ich diese gute Nachricht meinem Bruder überbringen sollte. Wir gingen am Abend in ein Restaurant, aßen Lammkebab und unterhielten uns über meine Zukunft.

Einige Zeit später ging ich in das Goethe-Institut, um über meinen Erfolg bei der Prüfung zu berichten und mich für die liebevolle Unterstützung im Deutschkursus zu bedanken. Sie fanden es großartig und baten mich, morgen wiederzukommen. Am nächsten Tag überreichte mir der Leiter des Goethe-Instituts in Teheran ein handschriftlich signiertes Buch über Kunstschätze in Deutschland. Darin steht vermerkt: "Herrn G. als Dank und Anerkennung für gute Leistungen im Goethe-Institut, Teheran, den 7.6.1965 Jensen".

Kapitel 8

Mein Vermieter und seine Frau hatten mir ihr Wohnzimmer vermietet. Sie lebten praktisch in der Küche,
in der nach Feierabend der Kohleofen glühte und
gleichzeitig als Herd diente. Sie hatten sich in be-
scheidenem Maß einige Möbelstücke im Zuge des
deutschen Wirtschaftswunders in den fünfziger und
sechziger Jahren angeschafft, die nun aber mein
Zimmer zierten. Sie besaßen keinen Fernseher, durften aber abends ab acht Uhr zu den Eltern im ersten
Stockwerk gehen und dort fernsehen. Das war nur
möglich, weil die Mutter sehr nett zu ihrem Sohn

und dessen Frau war. Meine Vermieterin nahm aber jeden Abend eine eigene Flasche Bier für ihren Mann und eine Flasche Limonade für sich mit nach oben. Wenn sie auch nicht viel Geld verdienten, so waren sie großzügig, mir von besonderen Speisen wie frisch gekochtem Rhabarber, die sie für sich zubereitet hatten, einen Teller zum Probieren in meinem Zimmer auf den Tisch zu stellen. Ich litt zu dieser Zeit an Verdauungsschwierigkeiten und Verstopfung und einmal meinte ihre Putzfrau, ich solle „Teich" essen. Das sei gut gegen die Verstopfung. Nach der Suche im Wörterbuch fragte ich mich, wie man in Deutschland Teich aß. Dann stellte sich heraus, dass sie bei Teig das G wie CH ausgesprochen hatte, was im Rheinland umgangssprachlich üblich ist.

Das Studium an der RWTH Aachen begann mit einem einjährigen Besuch des Studienkollegs für ausländische Studierende. Mit wenigen Ausnahmen von mitteleuropäischen Ländern wie den Niederlanden

und Luxemburg musste jeder ausländische Studierende zunächst im dem Studium vorgeschalteten
Studienkolleg seine Deutschkenntnisse auf das Niveau eines deutschen Studenten bringen, um die Vorlesungen zu verstehen und folgen zu können. Hier
wurden die Abiturfächer Mathematik, Physik und
Chemie wiederholt, wobei die Betonung auf dem
Lernen und Umgehen mit der deutschen Sprache auf
akademischem Niveau lag. Hier beschäftigten wir
uns auch zum ersten Mal mit Textpassagen aus den
Werken von Goethe. Die Lehrer waren erfahrene
Gymnasiallehrer, die in wenigen Fällen auf die
sprachlichen Probleme der Studierenden eingingen
und ihr Pensum an Wissen in ihren Fächern vermit-
teln wollten. Es gab erhebliche Unterschiede hinsichtlich Inhalt und Tiefe der Abiturfächer in den
Ländern der Welt, die nun auch zum Teil im Studienkolleg präsent waren. Perser, Griechen, Brasilia-
ner, Araber, Türken, Afrikaner, Mexikaner etc. Die
Anwesenheit im Unterricht war Pflicht. Es gab regelmäßig Klausuren, deren Ergebnisse in das Jahres-

endergebnis mit einflossen. Am Ende des Jahres wurde eine Schlussprüfung in den o. g. Fächern abgehalten, deren Prüfungsfragen aus Düsseldorf in verschlossenem Umschlag überbracht wurden. Wer diese Prüfung bestanden hatte, besaß nun auch das deutsche Abitur und konnte studieren. Ich beteiligte mich intensiv im Unterricht und war durch meine gute Grundlage aus dem Goethe-Institut in Teheran anderen voraus. Unser Deutschlehrer hat mich mehrfach angesprochen, ob ich nicht Germanistik studieren wolle. Ich war aber auf technische Fächer fixiert. Im Rahmen der Studienkollegarbeit besuchten wir auch kulturelle Veranstaltungen. Mein erster Theaterbesuch in Deutschland war im Kölner Stadttheater, wo das Theaterstück „Herr Puntilla und sein Knecht Matti" von Bertolt Brecht gespielt wurde.

Pfingsten 1966 waren wir eine Woche in einem Schulheim in der Eifel. Kronenburg war ein schönes kleines Dorf und besaß nur eine Kneipe. Zum Abschluss der Studienwoche sollten die Studierenden aus allen Ländern etwas präsentieren. Der Matheleh-rer, ein älterer Herr mit Doktortitel fragte mich einen Tag vorher, ob ich die Moderation der Veranstaltung übernehmen könnte, worauf ich sofort stolz mit ja antwortete. Am Abend des gleichen Tages ging ich mit mehreren anderen Kameraden in die Dorfkneipe. Dort trafen wir auch die Lehrer. Ich unterhielt mich ihnen in netter Atmosphäre und sie spendierten auch die eine und andere Runde Bier. Ich muss wohl nach dem zweiten Bier zur Toilette gegangen und nicht wieder zurückgekommen sein. Das hatte irgendwann die Chefsekretärin festgestellt und man hatte darauf-hin die Suche nach mir gestartet. Schließlich soll man mich in einer von innen verschlossenen Toilet-tenkabine ausfindig gemacht und zum Schulheim gebracht haben. Am nächsten Morgen wachte ich auf und sah den Mathelehrer an meinem Bett stehen. Ziemlich besorgt sagte er zu mir: "Geht es Ihnen gut und können Sie heute Nachmittag die Moderation trotzdem machen?" Ich sprang auf und antwortete: „Seien Sie unbesorgt. Bei mir ist alles okay." Erleichtert ging er fort. Ich hatte mich für die Moderation der Abschlussfeier gut vorbereitet. Mit all denen, die einen Beitrag leisten sollten, hatte ich vorher gesprochen. Die meisten Beiträge waren Tänze und Gesang. Ich persönlich habe zum Thema „Entwicklung der persischen Literatur zur Moderne" gesprochen, begleitet von einem Lied des Widerstandes unter dem Titel „Küss mich zum letzten Mal", das ich während meiner Präsentation passagenweise von einem Schallplattenspieler laufen ließ. Dazu habe ich Kommentare abgegeben, die erläuterten, wie die ersten Demokraten im Iran die konstitutionelle Monarchie mit einem Parlament gegen die herrschende absolute Monarchie durchgesetzt hatten und dabei viel Opfer hatten bringen müssen. Die Studienwoche in der Eifel war eine schöne Sache und bot auch die Gelegenheit, die traditionellen Prozessionen der katholischen Region zum ersten Mal persönlich zu erleben. Diese Umzüge mit viel religiöser Symbolik und schönem weltlichen Kitsch und Trachten erinnerten mich an ähnliche Prozessionen in Gonabad im

Monat *Maharram*, in dem der Tod des zweiten Imams der schiitischen Konfession des Islam beklagt wurde. In der katholischen Eifel trugen die Männer auf ihren Schultern mehrere aus Holz gebastelte und mit viel Blumen und anderen Gegenständen geschmückte Altare mit Jesus und Marias Figuren. In meiner Geburtsstadt trugen die Männer ein riesiges Gebälk aus Holz in Form eines Hauses, das acht Meter lang und vier Meter breit war und etwa fünf Meter Höhe hatte und mit schwarzen Tüchern bedeckt war. Das ganze Jahr war dieses Gebälk in einem offenen Raum und war für die Kinder ein willkommenes Klettergerüst. Den Sinn dieser Prozession und ihrer Symbolik verstand ich nicht, erfragte ihn aber auch nie. Nur in der Eifel war es mir plötzlich aufgefallen, wie ähnlich die Menschen unterschiedlicher Kultur und Religion doch denken.

Nun besaß ich das Abschlusszeugnis des Studienkollegs und durfte zum Wintersemester 1966 mit dem Studium des Maschinenbaus beginnen. Sprachlich war ich nunmehr akademisch zwar gut gerüstet, aber ich fand, es sei sinnvoll, die tägliche Umgangssprache zu stärken. Ich bewarb mich über das Arbeitsamt für ein dreimonatiges Praktikum in einer kleinen Firma in Aachen, die Teile für industrielle Staubsauger herstellte. Am ersten Tag gab mir der Meister einen blauen Kittel und eine Brille und zeigte mir den Umkleideraum mit den langen Metallschränken, in die die Kleider und persönlichen Gegenstände einzuschließen waren. Dann begann die Arbeit. Als erstes sollte ich mehrere hundert Metallscheiben auf einer Karre aus dem Lager in die Fertigungshalle holen. Ich befolgte seine Anweisung exakt, aber als ich die Karre hinter mir herziehen wollte, stellte ich fest, dass sie überladen war. Also lud ich etwa die Hälfte der Scheiben wieder herunter und zog die Karre langsam in die Fertigungshalle. Nun kam der Meister auf mich zugelaufen und sagte, dass das ja nicht alle Scheiben seien. Ich bejahte seine Feststellung und begann, den Grund für den Umstand zu erklären. Aber meine Erklärung interessierte ihn of-

126

fensichtlich überhaupt nicht und er befahl, die Karre wieder in das Lager zurückzubringen. Im Lagerraum angekommen fing er an, die Metallscheiben in höchster Eile auf die Karre zu laden und ich sollte nun die Karre wieder in die Fertigungshalle bringen. Meine unbeholfenen Versuche, die Karre in Bewegung zu setzen, waren erfolgreich, aber an der Übergangsstelle vom Lagerraum zur Fertigungshalle war eine Steigung zu überwinden und da war ich definitiv unfähig, so dass der Meister etwas Menschlichkeit zeigte und selbst die Karre an den Arbeitsplatz brachte. Meine Arbeit war es nun, die etwa fünfhundert Metallscheiben zu polieren. Ich stand da, nahm eine Scheibe nach der anderen und polierte sie, wie der Meister mir gezeigt hatte. Mittags ertönte ein Signal und andere Arbeiter sagten mir, dass ich die Maschine ausschalten und Mittagspause machen darf. Jeder setzte sich irgendwo, holte aus seiner Tasche Butterbrote und Fischbüchsen heraus und fing an, zu essen. Ich hatte natürlich nichts dabei und verbrachte meine Pause damit, den anderen beim

Essen zuzuschauen und die zahlreichen Eindrücke des ersten Halbtages Revue passieren zu lassen. Außerdem tat ich mir selbst Leid, als zukünftiger Ingenieurstudent in den Niederungen einer Fabrikhalle gelandet zu sein. Mit dem nächsten Signalton fingen die Leute wieder an zu arbeiten und ich auch. Gegen vierzehn Uhr waren meine Hände nicht mehr in der Lage, die Scheiben zu halten und meine Leistung drohte exponentiell gegen Null abzufallen. Der Meister, der immer wieder vorbeischaute, sprach kaum ein Wort mit mir darüber, ob ich Probleme hätte, was er nach meiner Meinung schon längst hätte sehen müssen. Zwischendurch versuchte ein Arbeiter, mir mit Hinweisen zum besseren Polieren zu helfen, aber ich verstand ehrlich gesagt kein Wort von dem, was er sagte. Ich überlegte jetzt während des Polierens, ob diese Arbeit dem Gedanken von mir, die Umgangssprache zu erlernen, gerecht werden würde. Denn man sprach ja so gut wie nicht miteinander. Gegen fünfzehn Uhr sagte mir der Meister, dass ich die nicht bearbeiteten Scheiben wieder ins

Lager bringen und dann meinen Arbeitsplatz zu reinigen hätte. Um halb vier ertönte das Signal zum Arbeitsende und wie blitzartig verließen die Arbeiter die Halle und gingen in die Umkleide. Danach bildete sich eine kleine Schlange vor der Stechuhr. Alles war für mich neu. Ich konnte die Eindrücke gar nicht verarbeiten. Am nächsten Tag war ich um sechs Uhr dreißig an der Stechuhr und wenige Minuten später polierte ich schon. In der Mittagspause ging ich zum Büro und äußerte den Wunsch, den Chef zu sprechen. Er empfing mich freundlich in seinem Büro und fragte, ob mir die Arbeit Spaß mache. „Ja, sehr", antwortete ich ohne zu zögern, sagte dann aber, dass die Arbeitsstelle meiner Vorstellung, meine Deutschkenntnisse zu vermehren, nicht entsprach und dass man mich im Arbeitsamt wohl missverstanden hätte. Er lachte und machte eine lustige Bemerkung, dass er Französisch im Bett gelernt hätte. Wir waren uns einig, dass ich am gleichen Tag die Arbeit beende. Eine Woche lang laborierte ich an meinem Rücken, der unter der Arbeit schwer gelitten hatte. Um dennoch meine Deutschkenntnisse zu erweitern, kam ich auf die Idee, in den Stadtpark zu gehen und mit älteren Menschen, die täglich dort auf den Bänken saßen, ins Gespräch zu kommen. Das war durchaus eine gute Sache, denn die älteren Herrschaften freuten sich immens, Fragen zu beantworten und von ihren Kriegserfahrungen im Ausland zu erzählen. Vieles war interessant, einiges nicht.

Der Beginn des Wintersemesters 1966 an der RWTH war für den vierten Oktober angesetzt. Ich informierte mich bei der Fachschaft, welche Formalitäten und Unterlagen für die Einschreibung benötigt wurden. Zu meinem Erstaunen und Entsetzen stellte sich heraus, dass Anwärter für das Studium des Maschinenbaus, denn in der Zwischenzeit hatte ich meine Zulassung von Elektrotechnik in Maschinenbau ändern lassen, bei der Immatrikulation den Nachweis eines sechswöchigen Praktikums vorzulegen hatten. Davon sollten mindestens 4 Wochen in einer Gießerei absolviert sein. Man stellte aber gleichzeitig in Aussicht, dass die Bedingung bezüglich Gießerei mit großer Wahrscheinlichkeit demnächst entfallen würde. Die Fachschaft bemühte sich darum. Um meine Einschreibung nicht zu gefährden, schrieb ich sofort einen Brief an meinen Vater und fragte, ob er von den Stadtwerken der Stadt ein entsprechendes Zeugnis für mich ausstellen könnte. Denn ich hatte ja früher dort als Schüler mitgearbeitet. Ich schrieb ihm genau, was in dem Zeugnis stehen sollte. Ferner müsste dieses Zeugnis von einem Dolmetscher ins Deutsch übersetzt werden und von dem Amt für iranische Studenten im Ausland beglaubigt sein. Der September neigte sich dem Ende zu und ich wartete ungeduldig täglich auf einen Brief von meinem Vater mit dem Zeugnis. Endlich war es soweit. Das Zeugnis kam und auch die Gießereifrage war geklärt. Ich wurde Anfang Oktober 1966 immatrikuliert. Ich war stolz und fühlte mich nun großartig, den Anforderungen des Studiums erfolgreich zu begegnen.

Die zentrale Festveranstaltung zur Begrüßung der neuen Studenten fand im Auditorium Maximum statt. Der Rektor der RWTH hielt die Festrede und alle Professoren waren in ihren Talaren gekleidet anwesend. Am nächsten Tag wurden alle Maschinenbaustudenten in Gruppen von jeweils acht Personen eingeteilt. Sie sollten ab da alle Labor- und Pflichtarbeiten gemeinsam machen. Die sechs Jungen und ein Mädchen meiner Gruppe waren alle äußerst nett, so dass wir sehr schnell Freunde wurden. Ich war in Mathe gut und erledigte die Hausaufgaben, die wöchentlich einmal bis zu einem bestimmten Tag in den Briefkasten des Instituts für Mathematik einzuwerfen waren, sehr schnell. Die anderen schrieben dann die Aufgaben ab. Dann erklärte sich Astrid, die die Schreibmaschine beherrschte, bereit, mein Exemplar abzuholen und für alle anderen abzuschreiben. Sie hat leider die Vordiplomprüfung wie etwa die Hälfte der Semesteranfänger nicht geschafft und musste das Studium aufgeben. Nach einem Semester bestand unsere Gruppe nun aus Fritz, Burkhart, Franz, Ulli, Bernhard und mir. Jeden Abend um elf Uhr wurde nach getaner Arbeit in einer Kneipe ein Bier getrunken. Alle rauchten. Sie nahmen mich auch zu ihren Eltern mit, was ich toll fand, da ich so mit sehr unterschiedlichen deutschen Familien Bekanntschaft machen konnte. Sie waren Unternehmer, Richter, Lehrer. In den ersten Semesterferien fuhren sie in den Skiurlaub nach Österreich und wollten mich mitnehmen. Ich konnte aber nicht Skifahren und hatte auch nicht das Geld dazu. Ich bat sie, mich bis München mitzunehmen, die Stadt, die ich lange schon sehen wollte und in der ein Freund von mir studierte. Im Studentenheim, wo er wohnte, konnte ich ein Zimmer für zwei Wochen mieten. In München besuchte ich zum ersten Mal in meinem Leben ein Opernhaus. Für die Oper „La Traviata" von Giuseppe Verdi kaufte ich ein Ticket mit Studentenermäßigung für einen Stehplatz. Ich war begeistert, wenn ich auch viele Handlungen nicht verstand. Nach zwei Wochen war mein Geld alle und es war Zeit, die Reise zu beenden. Beim Spazierengehen in der Nähe des Marienplatzes las ich am Liefereingang eines Kaufhauses eine Anzeige, dass Hilfskräfte gesucht wurden. Ich ging hinein und bekundete gegenüber einem Arbeiter mit Blaukittel Interesse. Er brachte mich zum Chef und zehn Minuten später war ich mit einem Blaukittel ausgerüstet zuständig dafür, dass die im ganzen Kaufhaus anfallenden Pappkartons in einer Presse zu großen Paketen verdichtet wurden. Eine halbe Stunde nach Beginn meiner Tätigkeit als Pappkartonverdichter wurde ich vom Meister angewiesen, die Semmeln in die Lebensmittelabteilung zu bringen. Ich sagte ja und fragte, was Semmeln überhaupt seien. Die Frauen in der Lebensmittelabteilung, denen ich nach langem Hin und Her den Korb mit den Semmeln übergab, waren äußerst nett zu mir und gaben mir ein Stück Kuchen zum Mitnehmen. Gegen vierzehn Uhr kam der Meister und sagte, ich solle zum Chef im ersten Stock. Ich dachte, dass er mich wahrscheinlich feuern wollte. Er war aber sehr freundlich und sagte dass ich ihn zur Bank begleiten sollte. Nach einigen Minuten kam er aus seinem Zimmer heraus mit einer schwarzen Ledertasche in der rechten und einer Pistole in der linken Hand. Er gab mir die Pistole und sagte, ich solle die Pistole in die Hosentasche stecken und mit zwei Metern Abstand, ihn zur Bank begleiten. Dieses Programm absolvierte ich vierzehn Tage, ohne dass ich mich auch nur einmal gefragt hätte, welcher Gefahr ich mich aussetzte. Was hätte die Polizei mit mir getan, wenn etwas passiert wäre? Ein Ausländer mit einer Pistole bewaffnet und ohne Waffenschein läuft hinter einem Mann mit einer Tasche her, in der sich die Tageseinnahmen eines Kaufhauses befinden.

Das Studium forderte uns richtig heraus. Wir mussten neben den vielen Vorlesungen auch technische Zeichnungen anfertigen. Das fiel mir schwer, da bei mir die Vorstellung für technische Werkzeuge und Gegenstände nicht so ausgereift war wie bei den deutschen Studenten. Um ein Getriebe zu konstruieren, bedarf es zunächst der Vorstellung, was ein Getriebe ist. So war es mit vielen anderen Gegenständen. Da holte ich mir dann Hilfe bei den Freunden. Mittlerweile kannte ich die meisten Studenten meines Semesters ganz gut, und viele unter ihnen hatten bereits die Ingenieurschule abgeschlossen. Wiederum hatten andere eine Lehre abgeschlossen als Schlosser, Mechaniker oder ähnlichem. Ihnen allen war ich für die Hilfe dankbar. Auch hinsichtlich der Ordnung und Sauberkeit der technischen Zeichnungen, die einmal im Monat abgegeben werden mussten, musste ich erst vieles lernen. Bei der ersten Zeichnung hatte ich einen Schnellhefter genommen und die Zeichnung darin gefaltet eingebunden. Meinen Namen und Matrikelnummer hatte ich auf dem Schnellhefter handschriftlich vermerkt. Als ich die Zeichnung abgeben wollte, wurde der Assistent des Instituts regelrecht böse und gab mir sie zurück. Ich solle die Form und Größe der Schrift genau einhalten. Diese Formalität hatte ich nun richtig beachtet und den Namen und die Matrikelnummer auf ein weißes Papier geschrieben. Dann wollte ich den Zettel auf den Schnellhefter befestigen, aber mir fehlte der Kleber. Ich fragte meine Vermieterin, aber sie sagte, dass der Schuhkleber stark riechen würde. Also nahm ich einen Klecks Honig und klebte den Zettel auf den Schnellhefter. Am nächsten Morgen gab ich die Zeichnung ab, aber der Assistent warf sie mir zu und sagte, die Ordnung sei die Hälfte der Arbeit. Von da an änderte ich mich kolossal und nahm diese Dinge ernst. Das Vordiplom brachte ich ohne Probleme hinter mich, und nun war es erforderlich, sich für eine Vertiefung des Studiums unter den vielen Möglichkeiten, die es damals an der RWTH gab, zu entscheiden.

Ich wohnte mittlerweile schon lange im Studentenheim Otto-Petersen-Haus. Das Haus war eines der vier gleichen Hochhäuser mit jeweils neunzehn Stockwerken, die das Studentenwerk hatte errichten lassen. Pro Etage gab es zwanzig angenehm große, helle Zimmer mit eingebauten Schränken, Waschbecken, Bett, Schreibtisch und Stühlen. Auf den Fluren waren auf jeder Seite eine Dusche und eine Toilette angebracht. An der Stirnseite war eine gemeinsame Küche vorgesehen. Das Haus hatte zwei Aufzüge. Neben dem Aufzugsschacht war pro Etage ein gemeinsames Telefon vorhanden. Das Leben im Studentenheim war sehr angenehm und amüsant. Auf meiner Etage wohnten größtenteils nette Typen. Die meisten waren Deutsche. Dazu zwei Luxemburger, ein Syrer und ein Inder. Der Syrer studierte bereits im dreiunddreißigsten Semester. Er hatte schon alle Fachrichtungen der Fakultät einmal begonnen und dann wieder aufgegeben. Zu der Zeit studierte er Landtechnik. Er bekam von der Regierung in Damaskus ein Stipendium und er meinte, es sei egal wie lange er studiere. Zu seinem Unglück wurde an der RWTH ein Gesetz verabschiedet, wonach ältere Studenten binnen vier Semestern fertig zu werden hatten. Irgendwann zog er aus dem Studentenheim aus.

Der Inder fiel durch sein ständiges Blumenkohlkochen auf. Ansonsten lebte er unauffällig für sich. Neben meinem Zimmer wohnte ein Architekturstudent, der abends sehr laut Richard Wagners Oper Meistersinger hörte. Wenn es zu laut war, klopfte ich an seine Tür und er wusste Bescheid. Ein Student war homosexuell und fiel für die damalige Zeit aus dem Rahmen. Er lief auf der Etage meistens mit einem sehr knappen Höschen herum. Wenn er so in die Küche kam und wir zu Abend aßen, war es nicht so angenehm. Gelegentlich bekam er auch eine Bemerkung. Auf der Etage wohnte auch ein Student namens Hermann, der blondes Haar hatte und aus Norddeutschland kam. Er studierte Reaktortechnik und war mir vier Semester voraus. Von ihm habe ich viele Informationen und Tipps bekommen, was die Wahl der Fachrichtung anging. Durch ihn hatte ich einen weiteren deutschen Studenten kennengelernt, der auch Reaktortechnik studierte. Beeinflusst durch die beiden und weil ich eher ein Theoretiker als ein Praktiker bin, entschloss ich mich, ebenfalls Reaktortechnik zu studieren. Dieses Studium war neu und nur in Aachen und Karlsruhe möglich. Hochkarätige Professoren wie Rudolf Schulten, der Vater des Kugelhaufenreaktors, und Heinrich Mandel, der Vorstandsvorsitzende des Energiekonzerns RWE, hielten die Vorlesungen in Reaktortechnik und Reaktortheorie. Ich war von der Physik begeistert und von der Möglichkeit der Kernspaltung fasziniert. Knapp ein halbes Jahr nach dem Beginn der Reaktortechnik schrieb ich einen Artikel für das Teheraner Wirtschaftsmagazin *The Teheran Economist*, dessen Herausgeber ein sehr enger Freund meines Vaters war. In dem Artikel erzählte ich von den neuen Möglichkeiten zur Energieerzeugung in Deutschland und anderen entwickelten Ländern. Gleichzeitig schrieb ich, dass diese Energiegewinnung für Entwicklungsländer nicht geeignet sei, da sich nur sehr große Einheiten weit über tausend Megawatt wirtschaftlich rechneten. Dadurch würden eine oder zwei Einheiten einen so großen Prozentsatz der Gesamterzeugung ausmachen, dass bei jeder Abschaltung gleich ganze Regionen ohne Versorgung blieben. Der Artikel erschien zwei Monate später und mein Vater beglückwünschte mich für diesen Bericht. *The Teheran Eco-*

nomist wurde von Politikern und Managern der Wirtschaft gelesen. Das Magazin wurde nach der islamischen Revolution geschlossen. Der Herausgeber floh nach Italien und starb dort in der Fremde. Er war promovierter Volkswirt und hatte in England studiert. Viele Jahre saß er in dem Parlament in Teheran als gewählter Abgeordneter aus Gonabad. Das Parlament war unter dem Schah allerdings zunehmend bedeutungslos geworden.

Während des Studiums habe ich zwei Studienarbeiten und eine Diplomarbeit geschrieben. Die erste Studienarbeit habe ich auf Initiative eines Professors im Institut für Hüttenwesen erstellt. Das Thema war, chemische Prozesse herauszuarbeiten, die stark endotherm ablaufen. Man dachte, dass man die hohen Temperaturen im Thorium-Hoch-Temperatur-Reaktor (THTR) als Prozesswärme nutzen könnte. Professor Schulten hatte an seinem Lehrstuhl für Reaktortechnik und an der Kernforschungsanlage Jülich den deutschen Kugelhaufenreaktor entwickelt.

Dieser Reaktor unterschied sich durch folgende Merkmale von den bisher erfolgreich gebauten Druck- und Siedewasserreaktoren. Der Kugelhaufenreaktor hatte, wie der Name verrät, kugelförmige Brennelemente aus Grafit mit einem Durchmesser von etwa sechs Zentimetern, von denen es im Reaktorkern sechshundertfünfundsiebzigtausend Stück gab Der Brennstoff bestand aus hochangereichertem (93,5 Prozent) Uran 235 und Thorium als Brutmaterial und befand sich als sogenannte *coated particles* im Grafit eingebettet. Als Kühlmedium diente das Edelgas Helium. Das Helium wurde im Kreislauf mit einem Druck von vierzig bar umgewälzt und gab seine im Reaktorkern aufgenommene Energie in den Dampferzeugern ab. Das technische Konzept war durch den kleinen AVR-Reaktor auf dem Gelände der Kernforschungsanlage Jülich erfolgreich getestet worden, bevor der THTR mit einer Leistung von dreihundert Megawatt in Hamm Uentrop errichtet wurde. Zahlreiche vorher nicht bekannte Probleme technischer Art führten zu immer höheren Kosten für die Errichtung der Anlage, an deren Kosten neben der Bundesrepublik Deutschland auch die Niederlande und Belgien beteiligt waren. Mit dem Betrieb des Reaktors wurde 1983 begonnen und der Reaktor an den Betreiber übergeben. Das Kernkraftwerk arbeitete nur vierhundertdreiundzwanzig Tage und wurde von der Landesregierung Nordrhein-Westfalen 1989 aus politischen Gründen stillgelegt. Offiziell wurden sicherheitstechnische Argumente genannt. Aber gerade hier war ein wesentlicher Vorteil des THTR gegenüber den wassergekühlten Reaktoren vorhanden. Bei einem Verlust der Kühlung ist der Temperaturanstieg im Kern so langsam, dass ein Kernschmelzen nicht möglich ist. Sicherlich bestanden auch viele Nachteile gegenüber den anderen Reaktortypen wie zum Beispiel der Grafitbrand, Handhabung der Kugeln zum Brennelementwechsel sowie die noch schwierigere Wiederaufarbeitung der kugelförmigen Brennelemente. Die Suche nach endothermen Prozessen war nicht ergiebig. Nur ein chemischer Prozess verlief extrem endotherm und wurde zur Enthaarung in der Gerbereiindustrie benötigt. Als Professor Schulten beim Durchblättern meiner Studienarbeit auf diese Ergebnisse stieß, blieb ihm nichts anderes übrig als zu lachen, aber er lobte die Arbeit trotzdem.

Die zweite Studienarbeit war gemäß den Vorschriften der Fakultät als konstruktive Arbeit zu erstellen. Mein Kamerad, mit dem ich öfter in den Vorlesungen zusammensaß, wollte seine Arbeit im Institut für Verbrennungsmotoren schreiben. Sein Vater war der Leiter dieses Instituts und ein Patriarch. Wenn er die Vorlesung hielt, saß er auf einem großen alten Stuhl mit Arm- und Rückenlehnen, der wiederum auf einem Holzsockel aufgestellt war. Zwei Assistenten standen an den Tafeln und schrieben das, was der Professor diktierte, auf. Zwei weitere Assistenten standen für andere Hilfsleistungen zur Verfügung. Mein Kamerad nahm mich nach der Vorlesung zu einem der Assistenten und ich bekam ein Arbeitsthema. Es ging um einen Verbrennungsmotor, den der Autohersteller Volkswagen für Autos in Amerika entwickelte und bei dem gleichzeitig die hohen Anforderungen an Abgase zu erfüllen waren. Diese waren in den sogenannten *California Requirements* festgelegt. Meine Arbeit bestand darin, einen anderen Studenten, der an seiner Diplomarbeit arbeitete und dabei Versuche an einem Motor durchführte, zu unterstützen. Bei dem Professor war bekannt, dass die Note für die Arbeiten stark von der Seitenzahl abhing. Aufgrund der Fülle an Versuchen und Ergebnissen war es kein Problem, hundert Seiten zusammen zu schreiben und dafür die Bestnote zu erhalten.

Die Diplomarbeit wurde von Professor Schulten persönlich festgelegt. Die politischen Diskussionen um die Kernenergie wurden immer heißer und härter geführt. Nachdem der THTR 300 errichtet wurde, hatten die Gespräche und Vorbereitungen für einen THTR 500 begonnen. Dabei wollte man die zahlreichen Erfahrungen aus dem Bau des THTR 300 berücksichtigen und Fehler aus der Vergangenheit mit neuen Konzepten vermeiden. Professor Schulten und seine politischen Freunde und Unterstützer hatten es besonders schwer, für ihr Vorhaben zu kämpfen und zu werben. Damals wurde unter anderem von den Gegnern das Argument ins Feld geführt, dass die Kugelschüttung auch im Fall des Bruches einer Heißgasleitung große Gefahren berge und zwar derart, dass die Kugeln bei der plötzlichen Umkehr der Gasströmung gegen die Kerndecke geschleudert werden und so die Absorber-Stäbe beschädigen könnten. Derartige komplexe Fragen wurden damals bevorzugt mithilfe von Rechenprogrammen behandelt. Nun aber war es für nicht fachkundige Dritte nicht einfach, solche Ergebnisse ohne genaue Kenntnis der verwendeten Rechenprogramme und des in ihnen enthaltenen Simulationsmodells zu verstehen und sich zu eigen zu machen. Also wünschte Professor Schulten ein einfaches Modell und eine stringente Beweiskette ohne Computerrechenprogramme. Er sagte, er wisse, dass es eine enorme Herausforderung sei, aber man solle es wagen. Dafür gab er mir statt der für die Diplomarbeit vorgeschriebenen drei Monate sechs Monate Zeit. Und er wies seinen Assistenten an, mir für die sechs Monate jeweils dreihundert Mark Entgelt monatlich zu zahlen. Ich nahm die Herausforderung an. Nach einigen Überlegungen verfolgte ich die Idee, dass das Modell als die Strömung von Gas aus einem Gefäß in ein anderes zu betrachten sei. Nur hatte man mit Gas ein komprimierbares Medium, so dass das Bernoulligesetz der Strömungsmechanik nicht unmittelbar anzuwenden war. Am Ende der Arbeit war ich nicht sehr zufrieden mit meinen Ergebnissen, aber Professor Schulten bewertete die Diplomarbeit mit der Bestnote Eins Komma Null und lud mich ein, an seinem Institut zu promovieren. Ich fand es großartig und wir unterhielten uns eine Weile über meine beruflichen Perspektiven. Ich sagte ihm, dass ich die Universitätslaufbahn mit einer Professur anstrebe, was er wiederum gut fand. Er half mir später, die notwendigen Formalitäten zu erledigen, um ein Stipendium für die Promotion zu erhalten, da sein Etat voll ausgeschöpft war. Das Stipendium wurde bewilligt und ich sollte ab Sommer 1972 meine Arbeit beginnen.

Kapitel 9

1967 und 1968 waren die politischen Jahre schlecht-
hin. An allen Universitäten wurde täglich demons-
triert. Vorlesungen wurden boykottiert. Aufforde-
rungen zu Sitzstreiks waren überall zu lesen. Man
war gegen alles. Ich hatte oft den Eindruck, dass die
wenigsten wussten, warum gerade eine Demonstrati-
on stattfand. Zuerst war ich politisch überhaupt nicht
interessiert und fand es schade, wenn eine Vorlesung
boykottiert wurde. Langsam begriff ich, dass alles,
was man unter dem Begriff Establishment subsum-
mieren konnte, abgelehnt wurde. Damit waren auch
die Professoren und ihre Lehrstühle gemeint. Viet-
namkrieg, Notstandsgesetze, Emanzipation der Frau-

en, diktatorische Regime in Griechenland und im Iran sowie der Besuch des Schahs von Persien in Deutschland mit dem Tod vom Studenten Benno Ohnesorg in Berlin waren Hauptthemen der Demonstrationen. Zu dieser Zeit war neben den klassischen deutschen Studentengruppierungen und Jugendorganisationen der politischen Parteien, wie Ring christlich Demokratischer Studenten (RCDS) und Jungsozialisten (JUSO) auch der links gerichtete Sozialistisch-Demokratische Studentenverband (SDS) sehr aktiv und kämpfte um die begehrten Posten der studentischen Selbstverwaltung. Die Wahlen zum Allgemeinen Studentenausschuss (AStA) wurden mit aller Härte geführt. Bald war fast überall an den Universitäten der SDS führend. Auch in Aachen siegten der SDS und die linken Gruppierungen wie Kommunistischer Bund Westdeutschland (KWB). Der Schah von Persien kam im Frühsommer 1967 zu einem mehrtägigen Staatsbesuch nach Deutschland. In Aachen wurde er am Markt von demonstrierenden Studenten mit „Nieder mit dem Schah" empfangen.

Nach dem Besuch des historischen Rathauses in Aachen flog er nach Berlin. Am Abend stand ein Konzert in der Philharmonie auf dem Programm. Bei den heftigen Demonstrationen wurde der Student Benno Ohnesorg von der Polizei erschossen. Dieses Ereignis, verschärft durch die polarisierende Berichterstattung in der konservativen Presse, war ein entscheidender Faktor für die Mobilisierung der Außenparlamentarischen Opposition (APO). Zu dieser Zeit regierte in Bonn eine große Koalition aus CDU/CSU und SPD. Der Schah reiste, wie informierte Kreise berichteten, verärgert über die Ereignisse um ihn und sein Regime und die Aktivitäten linker iranischer Studenten in Deutschland weiter nach Frankreich und andere Länder, die auf seiner Europareise standen. Zurück in Teheran soll er persönlich angeordnet haben, die iranischen Studenten im Ausland und insbesondere in Deutschland noch enger an die Kandare zu nehmen und insgesamt durch schärfere Bestimmungen die linken Studenten herauszufiltern, um deren Anzahl im Ausland zu verringern.

In den Semesterferien 1967 besuchte ich meine Familie im Iran. Ich war bei meinen Eltern, bei meiner Schwester in Shiraz und bei meinem Bruder in Isfahan. Insgesamt war es eine schöne Reise, wäre sie am Ende nicht so dramatisch abgelaufen. Wie üblich wurde bei der Einreise in den Iran der Pass eingezogen und ich musste eine Woche vor meiner Abreise meinen Pass und das Begleitdokument des Amtes für die iranischen Studenten im Ausland wieder abholen. Als ich mich im Amt vorstellte und nach meinem Pass fragte, sagte der Beamte höflich, dass es so einfach nicht mehr ginge. Es müsse ein schriftliches Dokument der iranischen Botschaft in Deutschland vorliegen, das die Unbedenklichkeit meiner Abreise aus dem Iran zum weiteren Studium in Deutschland bescheinigte. Auf meine Frage, wie ich dieses Dokument beschaffen soll, antwortete er, dass er es besorgen würde. Er würde ein Formular, das ich ausfüllen sollte, telegrafisch an die iranische Botschaft nach Köln senden und die Botschaft würde ebenfalls telegrafisch antworten. Insgesamt würde das ganze vier Tage dauern. Vier grauenvolle, angsterfüllte Tage brachte ich hinter mich und ging dann wieder zum Amt. Der höfliche Mann teilte mir mit, dass er noch keine Antwort aus Köln erhalten hätte. An den darauffolgenden beiden Tagen war die Antwort die gleiche. Der höfliche Beamte sagte mir leise, dass das Ganze mit dem Benehmen der linken Studenten zu tun hätte, ich aber keine Angst zu haben bräuchte, wenn ich mir nichts hätte zu Schulden kommen lassen. Ich konstruierte Albträume wie zum Beispiel eine Namensverwechslung. Dann hätte man mich sofort dem *SAVAK* (dem gefürchteten Geheimdienst des Regimes) übergeben und was hätte dann mit mir alles passieren können. Am siebten Tag war das sagenhafte Schreiben der Botschaft endlich da und ich reiste am nächsten Tag wieder in die Freiheit.

Am Abend des Ankunftstages kam ein guter Freund vorbei und fragte, ob ich Lust hätte, kurz im *Babalu* vorbei zu schauen. Das *Babalu* war ein Tanzlokal in Aachen, wo ich öfter hinging. Ich war nach einer grauenhaften von Albträumen erfüllten Woche in Teheran selbstverständlich sofort einverstanden. Im *Babalu* standen die Jungs immer an der Bar und die Mädchen saßen an den Tischen. Mein Blick fiel sofort auf ein blondes hübsches Mädchen. Beim nächsten Tanz flog ich an ihren Tisch und bat um einen Tanz. Sie willigte ein und eine Liebesbeziehung, die mehr als fünfzig Jahre Bestand haben sollte, nahm ihren Anfang. Wir verabredeten uns für den nächsten Samstag am Kaiserplatz in Aachen. Ich war wahnsinnig verliebt und gleichzeitig ängstlich, ob sie kommen würde. Der Moment, als ich sie zum verabredeten Zeitpunkt erblickte, war wunderschön. Von da an trafen wir uns immer öfter. Wir gingen zum Tanzen jetzt in den Malkasten, der von meiner Wohnung nicht weit entfernt war und ein besseres Ambiente für Verliebte bot.

Im Sommer 1968 jobbte ich zusammen mit einem Freund zwei Wochen in einer Süßwarenfabrik. Wir sollten nachts arbeiten und die Maschinen zur Herstellung von kleinen Schokoladenpäckchen, die man beispielsweise an den Weihnachtsbaum hängt, bedienen. Man sagte uns, dass wir während der Arbeitszeit die Halle auf keinen Fall verlassen dürften, da ein herum laufender Wachhund für uns eine Gefahr darstellte. Man zeigte uns, was zu tun war und wie wir die Maschinen zu bedienen hatten. Die Arbeit bestand darin, Paletten aus Karton von etwa dreißig mal sechzig Zentimeter, auf denen die unverpackten Schokoladenplättchen lagen, mit beiden Händen zu fassen und langsam in die Einzugsöffnung der Maschine einzuschütten. Herauskommen sollten die mit bunten Alufolien verpackten Schokoladenplättchen. Wir fingen um zwanzig Uhr an. Bis etwa halb zehn arbeitete meine Maschine einwandfrei. Dann entstand ein Stau an der Rückseite der Maschine und alles, was ich an Plättchen eingebracht hatte, verband sich zu größeren Klumpen. Wie angewiesen drückte ich den Not-Knopf und die Maschine stand still. Die Maschine, an der mein Freund arbeitete, erlitt eine Viertelstunde später das gleiche

Schicksal und wurde abgeschaltet. Wir riefen den Wachmann an, schilderten die Situation und er sagte, dass wir bis zum nächsten Morgen um fünf Uhr warten müssten, bis die zuständige Meisterin wieder da sei. Zuerst saßen wir nur so herum. Dann begaben wir uns auf eine kleine Wanderschaft durch die Halle, stets darauf bedacht, die Grenzen zum Wachhund nicht zu überschreiten. In den anliegenden Räumen war es paradiesisch. Große Säcke lagen in einem Raum, in dem auf den Metallregalen auch Spirituosen lagerten. In einige Säcke, die offen waren, schauten wir hinein. Was wir da sahen, war köstlich. Da waren Nüsse aller Art und wir bedienten uns reichlich. An die noch verschlossenen Flaschen Whisky, Rum, Wodka und andere wagten wir uns nicht. Anschließend legten wir uns hin und schliefen, soweit der harte Boden es zuließ. Der Meisterin erzählten wir alles, wie es abgelaufen war und sie versprach, dass der Fehler beseitigt werde und wir am Abend wieder um acht Uhr kommen sollten. Das taten wir auch und die Maschinen arbeiteten von da an einwandfrei.

Von dem Geld, das ich auf diese Weise bei der Süßwarenfabrik verdiente, kaufte ich eine BMW Isetta. Ich weiß nicht welches Modell und wie alt das Auto war. Am nächsten Samstag plante ich, meine Freundin mit der Isetta zu überraschen. Wir waren wie immer an der Bushaltestelle Hansemannplatz verabredet. Ich parkte das kleine Auto auf dem Mittelstreifen der Mohnheims-Allee und ging zur Bushaltestelle. Ohne etwas vom Auto zu erzählen, führte ich sie in Richtung des Autos und blieb dann bei der Isetta stehen. „Das ist mein Auto" sagte ich stolz. Sie lächelte glücklich und wir fuhren spazieren. Die Isetta war ein Zweisitzer. Nach kurzer Zeit stellte sich heraus, dass die Batterie sehr alt und schwach war und der Motor nicht ansprang. Er brauchte eine Zwölf-Volt-Batterie, die neu zu kaufen nicht in Frage kam. Einmal passierte etwas besonders Schlimmes. Um das Auto zu starten, bat ich meine Freundin, sich ans

Lenkrad zu setzen, und schob das Auto an. Plötzlich sprang der Motor an und meine Freundin wusste nicht, wo die Kupplung und die Bremse waren. Das war auch gut so, denn sie nahm ihre Füße von den Pedalen weg und der Motor ging aus. Ich war an der Sache Schuld und deshalb auch für lange Zeit schockiert, was ich da veranstaltet hatte. Das war jugendlicher Leichtsinn und sollte nie wieder vorkommen. Meine Freundin arrangierte über eine Bekannte eine LKW-Batterie, die riesige Dimensionen hatte. Ich stellte die Batterie vorn, wo sonst die Beifahrerfüße Platz hatten, hin. Ab jetzt musste meine Freundin mit diesem Kompromiss leben. Ich konnte sie abends nach Hause fahren. Das Geld war knapp und so wartete ich oft zu lange mit dem Tanken. Die Folge war, dass das Auto innerhalb kurzer Zeit dreimal auf halber Strecke stehenblieb und ich jedes Mal viel Glück hatte und mir Autofahrer mit ihrem Reservekanister halfen. Ein weiteres Mal sorgte die Isetta für Aufregung. Als ich einmal mit der Isetta auf der Straße Adalbert Steinweg in Richtung Aachen Kaiserplatz unterwegs war, versagte die Lenkung des Autos, der Wagen wurde zum Glück nach rechts gezogen, streifte einen Baum und blieb stehen. Kein anderes Auto und auch kein Mensch kamen dabei zu Schaden. Ich stieg voller Angst aus dem Auto aus und stellte fest, dass es an meinem Kopf blutete. Ich wollte nicht, dass Leute auf mich aufmerksam würden und womöglich die Polizei alarmierten. Deshalb schloss ich das Auto ab und schaute, ob ein Parkverbotsschild da stand und entfernte mich anschließend schnell von der Stelle. Drei Wochen später schleppte ich das Auto mit meinem Freund ab zum Studentenheim. Mein Freund studierte Fertigungstechnik und versprach, die Lenkung zu reparieren. Die Ursache des Unfalles war der Bruch eines Bolzens und den wollte er am Institut, wo er als Hilfsassistent tätig war, anfertigen. Die so reparierte Isetta wurde in der Mensa zum Verkauf annonciert. Bald meldete sich ein arabischer Student mit Frau und Kind. Ich verkaufte das Auto an ihn, wies ihn aber ausdrücklich darauf hin, dass alte Autos auch mal einen Unfall bauen könnten. Aber er sagte, wenn der Gott es will, dann passiere das auch mit einem neuen Mercedes. Seine Sichtweise war für mich beruhigend. Dieser Mensch ist mir nie wieder in Aachen über den Weg gelaufen. Das nächste Auto war ein VW Käfer und da konnte man wirklich von einem Auto sprechen. Damit überraschte ich meine Freundin, als sie sich wegen der Blinddarmoperation im Krankenhaus befand. Aus dem Fenster im vierten Stock versuchte ich ihr das Auto zu zeigen. Die meisten Probleme mit dem Käfer waren die Roststellen an den Holmen und dem Auspuff. Es gab zum Glück Reparaturwerkstätten für Studenten und die Preise waren akzeptabel. Später kaufte ich ein besseres neueres Auto und zwar einen Renault R4. Dieser Wagen fuhr immer tadellos und ließ mich nie im Stich.

Nach Abschluss der Hauptdiplomprüfungen habe ich mehrere Wochen in einem Lager gearbeitet, um genügend Geld für eine Reise mit meiner Freundin zu meiner Familie zu sammeln. Das Zimmer im Studentenheim wurde an eine Französin untervermietet. Das war der Beginn der erkämpften Frauenemanzipation, so dass Frauen und Männer im gleichen Studentenheim und auf gleicher Etage gemischt wohnen durften. Ich habe dann einige Wochen bei meiner Freundin gewohnt. Wir reisten mit einem Reisebus von München aus in den Iran. Um eine Nacht vorher in München zu sein, bat ich einen Freund in München, uns eine günstige Unterkunft zu besorgen. Er, stets sehr schlau und Kosten minimierend, hatte uns in einem Hotel, das von katholischen Nonnen geführt wurde, untergebracht. Er hatte uns als sehr fromme religiöse Menschen vorgestellt und so die Hauptbedingung für die Hotelbuchung erfüllt. Wir haben uns in der einen Nacht nicht sehr wohl gefühlt und hatten Bedenken, dass man uns diesbezüglich Fragen stellte. Aber zum Glück verbrachten wir eine schöne Nacht in einem sehr sauberen und gut geführten Hotel zu einem Minipreis. Am nächsten Tag ging die Reise pünktlich los und der Bus war relativ gut belegt. Die Reiseroute erstreckte sich über etwa viertausend Kilometer. Unterwegs fuhren wir durch Graz in Österreich, Belgrad in Jugoslawien, Sofia in Bulgarien, Istanbul und Ankara in der Türkei und Täbriz im Iran bis Teheran. An den Grenzen der kommunistischen Länder waren künstlich verlängerte Wartezeiten, die man aber durch Beigabe von kleinen D-Mark-Scheinen zu den Pässen erheblich verkürzen konnte. An der Grenze von Bulgarien zur Türkei wurde der Bus komplett leer geräumt und nach allen möglichen Dingen untersucht. Ein mitreisender Türke fiel mit seinen drei großen Koffern auf, in denen schätzungsweise einige tausend Krawatten eingeführt werden sollten. Nachdem die Untersuchung abgeschlossen war, erhielt der Bus die Erlaubnis zur Weiterfahrt. Der Türke mit den Krawatten aber wurde dort festgehalten und wir machten uns Sorgen, was mit ihm wohl geschehen würde. Unsere Sorgen waren überflüssig. Denn nach etwa einer halben Stunde Fahrt wurde der Bus von einem Auto eingeholt und der Türke stieg mit den drei Koffern wieder ein. Er lächelte und meinte, dass die Beamten des

Zolls heute wohl sehr streng gewesen seien. Auf dem Weg von Istanbul nach Ankara war die Straße nicht besonders breit und auf beiden Straßenseiten waren tiefe Gräben. Plötzlich sahen wir, dass ein Militärjeep auf der Piste mit hoher Geschwindigkeit an uns vorbeifuhr. Zehn Minuten später stand dieser Militärjeep quer mitten auf der Landstraße und der Bus wurde so gestoppt. Mehrere Soldaten stürmten in den Bus und fingen an, auf den Busfahrer einzuschlagen. Mehrere Männer aus dem Bus drängten sich nach vorne und trennten die Soldaten vom Busfahrer. Nachdem sich die Gemüter etwas beruhigt hatten, stellte sich heraus, dass der Jeep wohl über eine längere Strecke versucht hatte, am Bus vorbeizufahren, aber der Busfahrer hatte wegen der tiefen Gräben Angst gehabt und nicht weit genug an den Rand fahren können, damit der Jeep hätte überholen können. Der Busfahrer war ein sehr netter Bayer. Wir Reisende verlangten von den Soldaten eine Entschuldigung, zu der sie nicht bereit waren. Also sagten wir, dass wir in Ankara bei der deutschen Botschaft die

Soldaten anzeigen würden. Die Soldaten dagegen meinten, wenn wir bei der Absicht blieben, würden sie den Bus nicht weiterfahren lassen und ihre Offiziere benachrichtigen. Mit viel Geschicklichkeit gelang es einigen, die türkisch sprachen, den Konflikt beizulegen.

Meine Freundin wurde von meiner Familie herzlich aufgenommen. Weihnachten wurde gefeiert und mein Vater organisierte einen kleinen Tannenbaum. Wir kehrten mit dem Reisebus der Deutschen Touring wieder nach Deutschland zurück. Ich bereitete mich von jetzt an auf meine Diplomarbeit in Jülich vor. Meine Freundin hatte ihre Arbeitsstelle in Aachen vor der Iranreise gekündigt. Sie bewarb sich als Laborantin beim Institut für Biologie und bekam die Stelle. Die Arbeit machte sie sehr gern. Wir heirateten am sechzehnten April 1971 in Aachen und mieteten eine möblierte Wohnung in Jülich direkt am Ruhr-Ufer. Die Vermieterin war äußerst zuvorkommend. Als wir in der Hochzeitsnacht nach Hause kamen, lag ein riesiger Blumenstrauß auf der Treppe. Ich arbeitete einige Zeit auch als Lehrer für Mathematik und Physik in einer Schule in Jülich. Die Lehrerinnen der Parallelklassen beteiligten mich an grundsätzlichen Arbeiten in den Klassen, so dass viele Nachmittage dafür aufgewendet werden mussten, die mir aber auch bezahlt wurden. Wir wohnten ein Jahr in Jülich. Jülich ist eine kleine Stadt und überschaubar. Düsseldorf und Aachen waren nicht weit, so dass man mehrere Alternativen zum Ausgehen und Einkaufen hatte.

Kapitel 10

Der Begriff Ruhrgebiet war mir während des Studiums mannigfaltig immer wieder begegnet, aber ganz genau wusste ich nicht, was alles zum Ruhrgebiet gehörte und welche speziellen Merkmale die Städte des Ruhrgebiets aufwiesen. Nachdem im Januar meine Diplomarbeit beendet war und ich vom Professor Schulten eine Zusage für die Promotion in Jülich erhalten hatte, beschloss ich, mit meiner Frau eine Reise durch das Ruhrgebiet zu unternehmen. Wir verbanden diese Reise mit einem Besuch beim Vater meiner Frau in Hannover und fuhren danach durch das Ruhrgebiet. Einige Städte waren mir vom Kontakt mit der Industrie während des Studiums bekannt. Damals war es üblich, dass die großen Firmen wie Mannesmann Düsseldorf (Rohrherstellung), Gute Hoffnungshütte Oberhausen (Schwerindustrie), Steinmüller Lüdenscheid (Dampferzeuger), Babcock Ratingen (Kesselbau, Wärmetauscher), Krupp Essen (Eisen, Stahl) und viele mehr die angehenden Ingenieure gern zu sich einluden, um ihnen ihre Firmen vorzustellen und auch das Interesse an einer späteren Anstellung zu bekunden. Das Ruhrgebiet war damals gekennzeichnet von der Schwerindustrie und allen damit zusammenhängenden Problemen. Die Straßenzüge wirkten grau, schmutzig und oft erneuerungsbedürftig. Spuren von Kohle und Staub waren überall zu sehen. Auffällig und irgendwie bezeichnend für Technik und Industrie waren schon allein äußerlich die vielen Brücken aus Stahl und Beton, auf denen riesige Güterzüge hin und her fuhren, die mit Kohle, Erz und fertigen Produkten beladen waren.

Bochum war mir ein Begriff. Ich erinnerte mich, dass sich in Bochum die neue Ruhr-Universität als Campusuniversität im Aufbau befand. Es war eine gute Gelegenheit, sie mir anzusehen. Auf dem Gelände waren auf großen Tafeln die großen in Reihe stehenden Gebäude der verschiedenen Fakultäten abgebildet und darauf die Namen der Institute und Lehrstühle in Großlettern geschrieben. Völlig überrascht entdeckte ich den Lehrstuhl für Reaktortechnik. Ich beschloss, den Lehrstuhl zu besuchen und zu meiner noch größeren Überraschung traf ich dort einen guten Kameraden aus Aachen. Nach ein paar Minuten Gespräch erzählte ich von meiner Absicht, bei Schulten in Jülich promovieren zu wollen. Sofort sagte er, dass der Lehrstuhl in Bochum auch gute Leute suchte und schlug vor, mich dem Professor vorzustellen. Der Professor und Lehrstuhlinhaber erzählte, welche Forschungsgebiete er in Bochum angehen wollte und vor allem, dass bei ihm die wassergekühlten Reaktoren und der Schnelle Brüter im Mittelpunkt standen. Dann bot er mir eine volle Assistentenstelle an und ich könnte praktisch sofort anfangen. Ich war begeistert, da der THTR in großen Problemen steckte und die Wasserreaktoren sich durchgesetzt hatten. Das war die Zukunft und daher sagte ich zu und versprach, kurzfristig, meine Bewerbungsunterlagen einzureichen. Danach setzten wir unsere Reise durch das Ruhrgebiet fort, wobei wir uns schon gedanklich auf den Umzug nach Bochum vorbereiteten. Der Campus war schön und auch die Umgebung idyllisch. Anschließend reisten wir noch nach Dortmund, Essen, Hagen und einige weitere Städte. Diese fanden wir nicht so attraktiv.

Ich trat meine Stelle in Bochum an und wohnte zuerst in einem Mietzimmer in Langendreer, nicht weit von der Universität entfernt. Der Lehrstuhl für Reaktortechnik residierte in einer Baracke, da das Gebäude für Technische Wissenschaften noch nicht komplett bezugsfertig war. Hier traf ich weitere Assistenten, die alle aus Aachen kamen. Nach den ersten Gesprächen mit ihnen erfuhr ich, dass keiner bis dahin ein klares Forschungsthema besaß. Nun wurde mir klar, dass man sich selbst um ein Thema kümmern muss. Nach einem halben Jahr schlug der Professor als Reaktion auf meine Frage nach einem Forschungsthema vor, dass ich mich theoretisch mit der zeitabhängigen Verteilung von Radioaktivität in der Luft beschäftigen sollte. Ich begann mit den Recherchen, um herauszufinden, was er überhaupt meinte und was momentan auf diesem Gebiet an Forschungsarbeiten lief. In persönlichen Gesprächen warnten mich Leute aus Jülich, die das gleiche Thema experimentell mit viel Aufwand im Freifeld untersuchten, vor theoretischer Behandlung. Die Gaußverteilung von Partikeln in der Luft sei allein hochkomplex, so dass das Problem mit weiteren Variablen unlösbar würde. Diese Warnung nahm ich sehr ernst, obwohl ich auch zuerst dachte, dass die Jülicher Kollegen vielleicht damit keine Konkurrenz haben wollten. Nach einem halben Jahr bezogen wir die fünfte Etage des Gebäudes der Ingenieurwissenschaften und bekamen sehr geräumige Zimmer. Neben meinem Dienstzimmer war das Zimmer eines Professors, von dem ich bis dahin nichts gehört hatte. Nun erfuhr ich, dass er außerplanmäßiger Professor für Thermodynamik und bei der Firma AEG in Frankfurt mit der Siedewasserreaktorentwicklung beschäftigt war. Die Thermodynamik war schon immer meine Lieblingswissenschaft, so dass ich bei der nächsten Möglichkeit den Professor fragte, ob er mir ein Forschungsthema als Doktorvater geben könnte. Er bejahte dies sofort und erzählte mir in wenigen Sätzen hochkomplexe Dinge. Ich verstand nicht viel von dem, was er mir übrigens auffallend wichtigtuend präsentiert hatte. Was ich aber sofort vernahm, war, dass es sich dabei um ein echtes Phänomen in den wassergekühlten Reaktoren handelte und insofern für die Zukunft von unmittelbarer Bedeutung war. Wieder startete ich meine Recherchen über das Phänomen. Nichts war darüber zu finden. Beim nächsten Gespräch fragte ich, ob er mir einige Literatur zur Verfügung stellen könnte. Er nannte mir mehrere amerikanische *Journals* und ein paar

Namen. Es war 1972. Damals gab es weder Computer noch Internet. Literatur musste über die zentralen Fachbibliotheken bestellt werden. Für den Bereich Kerntechnik hatte sich mittlerweile die Zentralbibliothek in Karlsruhe etabliert. Man brauchte genaue Angaben zu Journal, Autor, Titel und weiteren Details. Lagen all diese Daten richtig vor, dauerte es zwei bis drei Monate, bis man ein Ergebnis mitgeteilt bekam.

Nach einem Jahr etwa wusste ich, worum es bei dem Phänomen ging. Bei einem Druckwasserreaktor ist als möglicher Störfall der Bruch des Primärkreislaufes als Ereignis zu unterstellen und zu beweisen, dass der Kern ausreichend gekühlt werden würde, so dass ein Kernschmelzen ausgeschlossen ist. Kommt es zum Bruch der Hauptkühlmittelleitung zum Beispiel zwischen dem Reaktor und dem Dampferzeuger, so verdampft das Primärkreiswasser, das vorher unter etwa einhundertachtzig bar steht, schlagartig und der Kern ist zuerst ohne Wasserkühlung. Unmittelbar nach dem Bruch starten die Notspeisesysteme und speisen Wasser in den Reaktordruckbehälter ein. Das Flutwasser steigt von unten in den Reaktorkern auf. Zwischen dem aufsteigenden Wasser und den Brennelementen bildet sich eine dünne Dampfschicht, deren Dicke infolge der ständigen Verdampfung nach oben zunimmt. Ab Erreichen einer bestimmten Dicke wird der Dampffilm instabil. Aufgrund der auftretenden Instabilitäten an der Trennfläche zwischen den beiden Phasen wird bei hohen Temperaturen Wasser aus dem Strömungskanal ausgeworfen, das vom strömenden Dampf nach oben transportiert wird. Der Wasserauswurf ist wegen des stark aufschäumenden Flutwassers an der sog. Benetzungsfront ein nicht kontinuierlicher Prozess. Diese Diskontinuität führt im oberen Kernbereich zu einer Tropfenströmung.

Die Untersuchungen erfolgten experimentell und theoretisch. Für die experimentelle Arbeit wurde eine Versuchsanlage aufgebaut. Kernstück der Anlage war ein elektrisch beheiztes Rohr von einem Meter Länge und einem Durchmesser von zehn Millimeter. Die Wandstärke betrug null Komma drei Millimeter. Am Ende des Rohres wurde in einem anschließenden Glasrohrstück mittels einer Hochgeschwindigkeitskamera die Strömung fotografisch festgehalten und später ausgewertet. Das Ziel der Messung war es, die Tropfenverteilung und Tropfengröße zu ermitteln und mit den international bekannten Experimenten zu vergleichen. Die Wandtemperatur wurde an zehn Stellen mit empfindlichen Thermoelementen gemessen. Die Erzeugung einer repräsentativen Kolbenströmung war eine äußerst schwierige Aufgabe. Diese Aufgabe wurde schließlich durch ein Eintrittsstück erreicht, in das Dampf und Wasser zyklisch eingespeist wurden. Die fotografische Auswertung zeigte, dass das Wasser in eine Vielzahl von größeren und kleineren bis winzigen Tropfen zerteilt wurde. Die Tropfen traten dann auf dem Weg nach oben in eine Wechselwirkung mit der weit über die Leidenfrost-Temperatur aufgeheizten

Wand und nahmen Wärme auf. Gleichzeitig verloren sie an Größe. Der Wärmeübergang ist daher ein sehr komplexer Prozess. Parallel wurden theoretische Betrachtungen zum Wärmeübergang in einer Tropfenströmung angestellt. Es wurde ein Modell für die Ermittlung der Temperaturverteilung an der Wand aufgestellt. Die Berechnungen wurden mit Hilfe eines FORTRAN-Programms an einem TR-440 Rechner durchgeführt. Die Lochkarten, die das Rechenprogramm umfasste, benötigten einen ganzen Lochkarten-Karton (etwa fünfzehn mal vierzig Zentimeter). Um das Programm zum Laufen zu bringen, war es allein von den Syntaxfehlern her gesehen eine Mammutaufgabe. Trotz des Vorzuges, den ich beim Rechenzentrum für meine Arbeiten hatte, dauerte es fast eine Woche, bis die Lochkarten einen Lauf hinter sich hatten und das Ergebnis nichts anderes beinhaltete, als dass wieder ein Syntaxfehler vorlag, z. B. statt goto zusammengeschrieben go to. Wieder war eine Woche Wartezeit erforderlich. Dann kann eine revolutionäre Verbesserung, nämlich Lochstreifen statt Lochkarten. Einige Monate später wurden mehrere Terminals eingerichtet, an denen der Lochstreifen lief und man die Möglichkeit besaß, nunmehr Syntaxfehler schneller zu entdecken und zu korrigieren. Die Terminals waren immer besetzt und ich bevorzugte es, nachts zu arbeiten. Mehr als ein Jahr habe ich nach dem Abendessen das Haus verlassen und manchmal bis zum nächsten Morgen am Terminal gearbeitet. Oft musste ich dann gleich in eine Lehrveranstaltung, da der Professor nicht da war und man ihn vertreten musste.

Im August 1977 wurde nach fünfjähriger mühsamer Forschungstätigkeit die Doktorarbeit bei der Fakultät Maschinenbau eingereicht. Einige Wochen später fand die Präsentation der Arbeit vor dem öffentlich tagenden Fakultätsausschuss für die Promotion statt. Mir wurde damit der Grad eines Dr.-Ing. verliehen.

In Bochum erhielt meine Frau, obwohl sie nur Fachoberschulreife besaß, mit der Begabtensonderprüfung die Zulassung zum Lehrerstudium an der Universität Dortmund. Das Studium machte ihr einen Riesenspaß. Anfang 1977 wurde unsere Tochter geboren. Meine Frau hatte kaum noch Zeit für ihr Studium. Da ich keine festen Arbeitszeiten hatte, konnte ich mich viel um unsere Tochter kümmern. Das Baden zum Beispiel überließ sie mir. Abends holte mich meine Frau mit dem Baby im Kinderwagen ab. Denn wir wohnten direkt an der Universität. Hier im sogenannten Uni-Center hatte man für die Universitätsmitarbeiter im Stil der „Neuen Heimat-Architektur" Wohnungen gebaut. Das waren mehrstöckige Wohnblöcke von fünf bis fünfzehn Etagen aus Beton. Im Uni-Center waren Bankfilialen, ein Kaufhaus und viele Läden für den täglichen Bedarf entstanden, so dass das Wohnen hier für uns jedenfalls wegen der Nähe zur Uni sehr vorteilhaft war. Abends, wenn man zu Hause war, hörte man öfter die Bohrmaschine. Man hatte den Eindruck, dass in den Wohnungen unter und über unserer Wohnung wieder neue Mieter eingezogen waren. Einmal fragten wir die Leute unter uns, warum sie so oft bohrten. Sie erwiderten, dass sie uns lange dieselbe Frage hätten stellen wollen. So zogen zunehmend Uni-Angestellte aus und neue Mieter mit Sozialschein ein. Die Wohnqualität sank stetig.

Aus der Zeit in Bochum stammen einige sehr feste Freundschaften. Kurz nachdem wir in eine Wohnung in Bochum eingezogen waren, sagte mir meine Frau, dass auch eine Bekannte aus Aachen in der Nähe wohne und ich sie besuchen solle, da sie selbst noch in Jülich lebte. An einem späten Nachmittag besuchte ich sie tatsächlich. Sie hatte Geburtstag. Später besuchten wir uns jede Woche gegenseitig. Es entwickelte sich ein Rhythmus. Zuerst trafen wir uns zum Schwimmen in einer Schwimmhalle. Dann wurde gekocht und anschließend spielten wir Doppelkopf. Später, als bei ihnen und bei uns die Kinder dazu kamen, machten wir sehr schöne gemeinsame Reisen. Wir waren in Paris, an der französischen Atlantikküste und am Mittelmeer sowie auf Korsika. Sie sind bis heute unsere besten Freunde. Darüber hinaus pflegen wir eine feste Freundschaft mit einem anderen Ehepaar aus Hessen, das damals ebenfalls in Bochum lebte. Er promovierte in Wirtschaftswissenschaften und sie war Studienkommilitonin meiner Frau. Sie waren später auch diejenigen, die uns für Golf begeisterten. Mit ihnen haben wir viele schöne Golfreisen unternommen.

Mit Bochum verbindet mich auch kulturell viel. Zu der damaligen Zeit zählte die Bochumer Theaterbühne zu den besten im deutschsprachigen Raum. Es wirkten und experimentierten so große Theaterregisseure wie Peter Zadek und Claus Peymann, die später an anderen großen Schauspielbühnen Erfolge feierten. Auch bekannte Schauspielerinnen und Schauspieler wie Hannelore Hoger, Rosel Zech, Tana Schanzara und Herbert Grönemeyer begannen ihre Karriere zu der Zeit in Bochum.

In Bochum hatte ich auch meine erste Begegnung mit dem Thema Einwanderung. Mir fiel im Ruhrgebiet besonders auf, dass viele Menschen polnische

Namen trugen. Hier erfuhr ich, dass im späten achtzehnten beziehungsweise frühen neunzehnten Jahrhundert zehntausende Polen in die Industriemetropole Ruhrgebiet gekommen waren, um die große Nachfrage nach Arbeitspersonal zu schließen. Sie blieben und integrierten sich in die deutsche Gesellschaft. Dass sie mehrheitlich katholisch waren, machte die Integration einfacher.

Kapitel 11

Nach der Promotion in Bochum entschloss ich mich, was früher immer mein Ziel gewesen war, in den Iran zurückzukehren, weil im Land ein umfassendes Kernenergieaufbauprogramm im Gange war und man durchaus sehr gute Chancen hatte, dort etwas zu bewegen und voran zu kommen. Auf der anderen Seite waren die Bedingungen, in Deutschland Karriere zu machen, für mich extrem gut und meine Bedenken, im Iran mit meinen persönlichen Einstellungen und einer deutschen Frau zu leben, schwerwiegend. Es bestand jedoch immer noch die zweijährige Militärdienstpflicht, die nun nach Abschluss der Promotion automatisch wirksam wurde. Diese Verpflichtung lastete schwer auf mir und ich dachte, sie los zu werden, indem ich das Angebot der iranischen Regierung annahm, drei Monate Militärdienst unter Waffen zu leisten und die restlichen einundzwanzig Monate als Angestellter der iranischen Atomenergieorganisation normal zu arbeiten.

Ich hatte aber stets im Kopf, nach Abschluss des Militärdienstes wieder nach Deutschland zurückzukehren, sollten die Dinge nicht zufriedenstellend laufen. Also ließ ich die laufenden Verträge wie Bankverbindung, Lebensversicherung, etc. bestehen. Ein kompletter Haushalt bestehend aus Auto, Möbeln, Elektrogeräten, Wäsche und sonstigen Gegenständen des Alltags wurde zusammengestellt und per Güterzug von Aachen aus nach Teheran versandt. Im Januar 1978 flog ich mit Iran Air nach Teheran. Einige Tage später meldete ich mich vereinbarungsgemäß bei der iranischen Atomenergieorganisation. Nach der Erledigung der normalen Formalitäten sagte man mir, dass ich bis zum Beginn des Militärdienstes selbst auswählen könne, wo ich arbeiten wolle. Zunächst war ich zwei Wochen im Hauptgebäude und befasste mich mit der Struktur der *Atomic Energy Organisation of Iran* (AEOI). Hier lernte ich einen Mann kennen, mit dem ich später eng befreundet war. Er war in der gleichen Situation wie ich und wartete, zum dreimonatigen Militärdienst unter Waffen eingezogen zu werden. Er hatte in Wien Elektrotechnik studiert und in Amerika promoviert. Er war äußerst skeptisch, dass man die Versprechen, die man uns gegenüber ausgesprochen hatte, würde einhalten können. Nach zwei Wochen im Iran war ich fest entschlossen, das Land so bald wie möglich zu verlassen und zwar für immer. Nun aber war ich da und musste sehen, wie die zwei Jahre am besten laufen könnten. Ich entschied mich, zuerst im Kernforschungszentrum von Teheran zu hospitieren. Das Zentrum war im Norden von Teheran und besaß einen Forschungsreaktor. Dort versuchte ich, mich mit dem Programm RELAP zur Analyse von hydraulischen Vorgängen bei Störfällen zu beschäftigen mit dem Hintergedanken, meine Teilnahme an der nächsten Reaktortagung in Deutschland zu ermöglichen. Nach wenigen Tagen dort wurde ich gebeten, mich beim Chef des Bereiches *Safety and Security* der AEOI vorzustellen. Er war für alle Sicherheitsfragen für die im Bau befindlichen Kernkraftwerke in Buschehr verantwortlich. Er schickte mich in den Tagen darauf zu weiteren Chefs von Einzelabteilungen wie Reaktorsicherheit, *Waste Management*, *Safeguard* und Genehmigung. Überall wurde nur englisch gesprochen. Ich stellte sehr schnell fest, dass alle wichtigen Stellen mit promovierten Iranern, die in Amerika oder England studiert hatten, besetzt waren. Sie scheuten sich nicht, mir klar zu sagen, dass ich mit meinem Englisch nicht gut genug sei, um den Schriftverkehr und die zahlreichen Fachgespräche täglich bewältigen zu können. Dem Chef des Bereiches *Safety and Security* der AEOI, der mich zu all diesen Abteilungen geschickt hatte, erzählte ich das offen. Er ernannte mich mit sofortiger Wirkung zum Sekretär des Hauptausschusses für *Safety and Securi-*

ty der AEOI. Der Ausschuss bestand aus fünf Personen, nämlich den Chefs der Hauptabteilungen und tagte vierzehntägig, um über die wichtigen Probleme im Zusammenhang mit dem Bau und der Genehmigung der Kernkraftwerke in Buschehr zu beraten und zu entscheiden. Nun saß ich als sechster Mann in dem Ausschuss all den Kollegen gegenüber, die mein Englisch für nicht gut genug bewertet hatten. Die Sprache des Ausschusses war englisch. Als Sekretär des Hauptausschusses war ich nunmehr die rechte Hand meines Chefs und verantwortlich für die Vorbereitung der Gespräche und das Protokoll. Mein Chef war äußerst nett zu mir. An einigen wichtigen Gesprächen nahm ich zusammen mit ihm teil, so beispielsweise eine zweitägige Tagung der iranisch-südafrikanischen Zusammenarbeit auf dem Gebiet der Kernenergie. Hauptthema der Tagung war die Erdbebensicherheit von Kernkraftwerken in stark tektonischen Regionen.

Langsam begann ich den Iran richtig kennenzulernen. Bei der AEOI waren viele Ausländer als Experten für alle möglichen Arbeitsgebiete beschäftigt. Mit einigen von ihnen, einem Inder, einem Neuseeländer und einem Amerikaner hatte ich schon engen Kontakt und wurde von ihnen auch privat eingeladen. Sie erzählten mir, wie diskriminierend sie als Ausländer von den iranischen Kollegen behandelt wurden. Im Iran wurde es immer unruhiger. Nachts hörte man, wie langsam sich eine groß angelegte Protestwelle entwickelte. Dann fanden die Proteste auch zum Teil tagsüber statt. Daran nahmen sogar Mitarbeiter der AEOI teil. Bei der AEOI waren viele Frauen als Ingenieure, Physiker, Chemiker, MBA usw. beschäftigt. Sie gingen mit zu den Demonstrationen, auf denen immer öfter der Name Chomeini fiel. Ich sagte in Flurgesprächen zu ihnen, dass, wenn Chomeini käme, sie wohl den erreichten hohen Grad der Unabhängigkeit und Gleichheit verlieren würden. Sie erwiderten, dass es so nicht kommen würde und sie sich auch wie jetzt gegen den Schah zur Wehr setzen würden. Meine Zeit bei der AEOI war nunmehr vorerst zu Ende. Nach nur einigen Wochen Arbeit im Hauptausschuss wurde ich benachrichtigt, dass ich den Militärdienst antreten müsste. Ich sollte mich in einer Kaserne im Süden Teherans melden. Am Tag der Meldung mussten meine Haare mit der Maschine auf Rasierstärke vier Millimeter geschnitten sein. Eine grausame Zeit begann.

Meine Frau kam Anfang Februar nach Teheran. Mit Hilfe meiner Schwester und ihres Mannes gelang es, in ihrer Nähe ein kleines Haus zu mieten. Mittlerweile waren auch unsere Sachen aus Deutschland in Teheran angekommen und mussten durch den Zoll und eine unbeschreibliche Welt von Formalitäten gehen. Nur durch einen Zufall wurde diese Arbeit etwas einfacher für mich. In den Fluren des riesigen Zollgebäudes entdeckte ich beim Warten auf den nächsten freien Zollbeamten einen Namen am Türschild eines Zimmers, der mir sehr bekannt vorkam. Wenn er der Mann war, an den ich dachte, dann war er aus meiner Geburtsstadt und müsste mich gut kennen, da ich mit seinem Bruder befreundet gewesen war. Ich klopfte an die Tür. Zwei Sekretärinnen saßen im Zimmer. Ich fragte, ob ich Herrn S sprechen könnte. Kaum hatte ich den Satz zu Ende gesprochen, kam er aus seinem Zimmer in das Sekretariatszimmer und ich erkannte ihn sofort. Er nahm mich in sein Zimmer und nach einer längeren Phase des Gespräches über alles Mögliche und was man nun so mache, erzählte ich meine Geschichte mit meinen Sachen im Zoll. Sofort rief er über seine Sekretärin einen Zollbeamten zu sich und erteilte ihm die Anweisung, meine Angelegenheit bevorzugt und wohlwollend zu erledigen. Alles in allem dauerte es vierzehn Tage, bis ich unsere Sachen und das Auto durch den Zoll hatte. Das Auto war ein fabrikneuer, kupfermetallic-lackierter Audi 100 und sollte nach meinen ursprünglichen Überlegungen als Studentenauto zollgünstig eingeführt und anschließend verkauft werden. Dann aber stellte sich heraus, dass die Iraner Mercedes und BMW bevorzugten und ein zollgünstig eingeführter Wagen kaum zu verkaufen war. Also quälte ich mich mit dem Audi durch den unbeschreiblich chaotischen Straßenverkehr in Teheran. Ich fuhr langsamer als die Schlangen, die sich nach dem Grünwerden der Ampeln anschickten, die nächste Ampel in kürzester Zeit zu erreichen, hielt stets Abstand zum vorderen Auto mit dem Ergebnis, dass sich Autos mit Dreistigkeit und irgendwie gekonnt vor mich schoben. Jedes Mal dachte ich, dass sie mein Auto gleich rammen.

Mit dem Beginn des Militärdienstes übernahm mein Bruder den Audi und überließ mir seinen *Paykan*. Das war ein kleines und einfaches iranisches Fabrikat und stand die ganze Woche auf dem Parkplatz vor der Kaserne. Am Wochenende durften wir nach Hause. Neben mir waren etwa sechzig Männer in der Kaserne zur Ausbildung. Sie hatten alle irgendwo im Ausland studiert. An den Wochentagen war ein festgelegter Tagesablauf zu absolvieren. Nach dem Aufstehen musste man sich rasieren und ankleiden.

Schuhe waren zu putzen und zu wichsen, dann Antreten zum Morgengruß. Danach war eine theoretische Lehrstunde angesagt. Anschließend war das
eigene Gewehr, eine MP3 aus deutscher Produktion,
zu reinigen. Schließlich war das Marschieren daran.
Zweimal in der Woche fuhren wir zum Schieß-
übungsplatz in die nahe gelegenen Berge. Die
Schießübungen fielen mir schwer, ich traf selten das
Ziel. Es galt die Regel, dass all den Leuten, die nicht
getroffen hatten, das Nach-Hause-Gehen versagt
wurde. Oft legte sich mein Kommandeur neben mich
auf den Boden und zeigte mir, wie man schießt.
Dann trug er seine eigenen Schüsse für mich ein. Das
fand ich sehr nett.

Die Waffe, die wir am ersten Tag nach unserem Ein-
zug in die Kaserne erhalten hatten, war nun so wichtig wie die eigene Frau. Es galt sie zu schützen und
stets sauber zu halten. Ein Unteroffizier hatte meinem Kommandeur berichtet, dass ich meine Waffe
beim Reinigen beschimpft hätte. Der Kommandeur

klärte mich auf, dass darauf im Iran die Todesstrafe stünde. Da der Unteroffizier nun Bericht erstattet hatte, musste der Fall vor einem Militärgericht verhandelt werden. Da er den Bericht aber noch nicht weitergeleitet hatte, riet er mir, mich beim Unteroffizier zu entschuldigen und den Vorfall als ein Missverständnis zu deklarieren. Ich tat, was er mir geraten hatte. Der Unteroffizier lehnte jedoch ab und bestand auf seine Behauptung der Waffenbeleidigung. Ich war völlig fertig. Irgendwann kam der Kommandeur und sagte, dass der Unteroffizier unter einer Bedingung seinen Bericht vorläufig zurücknehmen würde. Die Bedingung war, dass er mein Verhalten weiter strengstens beobachten wollte. Vor diesem Menschen hatte ich danach bis zu meiner unerwarteten und an ein Wunder grenzenden Befreiung vom Militärdienst große Angst.

Es waren etwa sechs Wochen vergangen und wir hatten uns irgendwie mit der Kaserne und dem Militärdienst abgefunden. An einem Tag war ich für die

Verteilung des Abendessens eingeteilt. Es gab Reis mit einem Bohnen-Fleischgericht. Es war ein heißer Tag gewesen, nun war die Sonne weg und wir hatten draußen mit dem Verteilen des Essens begonnen. Im Radio begannen die Nachrichten. Der Nachrichtensprecher meldete als erste Nachricht, dass seine Majestät der Schah in einem Dekret alle Militärdienstpflichtigen bis einschließlich des Jahrganges 1325 (1945) mit sofortiger Wirkung befreit habe. Ich war in diesem Moment so sehr mit meiner Aufgabe des Essensverteilens beschäftigt, dass ich die Nachricht nur bruchstückweise wahrnahm. Schon stürzten sich einige meiner Kameraden auf mich und hoben mich in die Luft und gratulierten mir zur Befreiung. Ich konnte es kaum glauben. Das kam mir wie ein Wunschgedanke in einem tiefen Schlaf vor. Aber dann begannen die Kameraden darüber zu sprechen, wer von uns sonst Jahrgang 1325 und älter war. Keiner war außer mir dabei. Ein Kamerad fehlte an diesem Abend in der Kaserne und er war der Sohn eines hochrangigen Generals und man munkelte dann auch, dass sein Vater hinter diesem Dekret stünde, um seinem Sohn im so revolutionären Iran die Möglichkeit zu verschaffen, das Land rechtzeitig zu verlassen. Ob etwas Wahres dran war, wird nie jemand erfahren. Ich aber profitierte davon. Nachdem ich sicher war, dass ein Wunder geschehen war, rief ich meine Schwester an und bat sie, diese gute Nachricht meiner Frau zu überbringen. Pünktlich um sieben Uhr am nächsten Tag waren wir mit Schuhputzen beschäftigt, als mein Kommandeur auf mich zugelaufen kam und sagte: „Herr Dr. G, Sie können ab sofort ihre Zivilkleidung anziehen und die Ihnen überlassenen Sachen im Büro abgeben. Um neun Uhr erhalten Sie Ihre Entlassungsurkunde und können dann die Kaserne verlassen."

Kaum von der Kaserne nach Hause zurückgekehrt machte ich mich schlau, welches Militäramt für die Ausstellung der endgültigen Befreiungsurkunde zuständig war. Gleich am nächsten Tag fuhr ich dorthin. Im Informationsbüro des riesigen Gebäudekomplexes erzählte ich einem Offizier von meiner plötzlichen Befreiung vom Militärdienst aufgrund eines Dekrets vom Schah. Er fragte nach meinem Personalausweis und in diesem Augenblick sagte er erfreut, dass er auch aus Gonabad stamme und meinen Vater gut kenne. Dann sagte er, dass er sich persönlich um meine Sache kümmern wollte. Ich sollte ihn drei Tage später dort wieder besuchen. Und zu meiner Überraschung konnte ich eine Woche später das wertvolle Dokument abholen. Ich leitete sofort die notwendigen Schritte zum Erhalt der Ausreisedokumente für meine Frau und meine Tochter ein und kaufte für sie ein Flugticket bei der Lufthansa von Teheran nach Frankfurt.

Wir begannen unseren Haushalt aufzulösen und so weit möglich die Sachen zu verkaufen. Der Audi 100 wurde in einem Autohaus zum Verkauf ausgestellt. Zum Glück zeigte ein Mann Interesse für das Auto. Das Auto wurde notariell an ihn verkauft. Das Geld aus dem Verkauf von Haushaltsgegenständen und dem Auto wurde gleich am nächsten Tag nach Deutschland auf mein Konto bei einer Sparkasse überwiesen. Die Bank, bei der die Geldüberweisung erfolgte, lag in der Villa Avenue, die hauptsächlich Banken, Fluggesellschaften, Reisebüros und ähnliche Geschäfte beherbergte. Ich war um zehn Uhr in der Bank und erledigte die Überweisung. Um zwanzig Uhr meldete das Fernsehen, dass revolutionäre Menschenmengen alle Banken in der Villa Avenue in Brand gesteckt hätten. Diese Nachricht traf mich ungemein schwer. Ich dachte, jetzt habe ich alles verloren. Am nächsten Tag näherte ich mich der Villa Avenue vom Norden, um zu sehen, ob etwas an dieser Nachricht wahr war. Überall waren Polizisten und ich durfte nur zu Fuß die Villa Avenue hinuntergehen. Tatsächlich war die Bank, in der ich gestern mein Geld zur Überweisung abgegeben hatte, abgebrannt und mengenweise lagen teils verkohlte Papiere auf dem Gehweg. Am nächsten Tag ging ich wieder zu der Bank. Da waren viele Leute damit beschäftigt, Ordnung zu schaffen und die zerbrochenen

Glasscheiben zu ersetzen. Nun wagte ich einen Mann, der eine Krawatte trug und vermutlich ein Angestellter der Bank war, zu fragen, was mit den Überweisungen am Morgen des Brandtages war. Er versicherte mir, dass die Bank alle Transaktionen per Computer abwickelte und die Hauptrechner in einem anderen Gebäude stünden. Damit sei eine Überweisung, die um zehn Uhr erfolgt ist, auch sofort in die Zentrale gegangen und gleich erledigt worden. Ich war ganz glücklich nach dieser guten Aussage.

Längst hatten die Ausländer, darunter Amerikaner und Europäer damit begonnen, das Land zu verlassen. Auch sie versuchten, ihre Möbel und andere Haushaltsgegenstände loszuwerden. Dabei waren hohe Preise nicht durchzusetzen. Wir konnten einige größere Sachen wie die Sitzgarnitur, die Stühle und den Esstisch, die Bücherregale und die Kindersachen verkaufen. Schmerzhaft war es besonders, als das Schaukelpferd unserer Tochter weggegeben wurde und sie es so vermisste. Aber es war nicht möglich, solche Sachen wieder mit nach Deutschland zu nehmen. Alles, was nicht verkauft werden konnte, überließen wir meinen Eltern und meiner Schwester. Netterweise gaben sie uns später bei einem Besuch in Deutschland Geld dafür. Meine Frau und meine Tochter verließen den von der Revolution voll erfassten Iran noch vor Weihnachten 1978. Ich war nun allein in der Wohnung, die nur noch sehr karg möbliert war. Ich hatte mich schon wieder bei der Atomenergieorganisation zurückgemeldet und hatte zunächst nichts zu tun. Die Revolution tobte überall. Abends versuchte ich die verbliebenen Sachen zu sortieren. Die ganze Zeit lief ein Kassettenrecorder mit Musik von Johann Sebastian Bach. Es waren Werke für Laute in G-Moll, die mich beruhigten und mir das Gefühl des Alleinseins wegnahmen. Nur unbedingt wichtige Dinge, die wieder nach Deutschland zurückgesandt werden mussten, packte ich in zwei Holzkisten, die ich bei einem Tischler hatte anfertigen lassen. Diese Kisten wurden bei der Spedition Schenker in Teheran mit der Destination

Aachen abgegeben. Trotz aller Wirren der Revolution erreichten die Kisten Deutschland binnen einiger Monate. Ich war sehr überrascht. Weihnachten 1978 war der amerikanische Präsident Jimmy Carter zu Besuch beim Schah, und in einer Tischrede bei einem Bankett zu seinen Ehren betonte er ausdrücklich die Stabilität des Iran und zeigte seine Bewunderung für die Volksnähe und Reformen des Schahs. Draußen erschossen die Polizei und Armee täglich Hunderte von Demonstranten, die den Kopf des Schahs forderten. Ich frage mich heute anlässlich der aktuellen Ereignisse immer wieder, was wohl die vielen CIA-Mitarbeiter im Iran zu tun hatten, wenn sie trotz aller Kontakte zu den Geheimdiensten des Schahs von der Unzufriedenheit und der Revolution nichts wussten und nichts gemerkt hatten.

Nun war mein Reisepass auch fertig und ich durfte frei reisen. Ich kaufte ein Ticket bei der Iran Air nach Frankfurt am Main. Meinen Plan, nach Deutschland zu reisen, hielt ich gegenüber Fremden und Freunden geheim. Nur meine Familie war eingeweiht. Täglich waren Dutzende Nachrichten und Gerüchte im Umlauf, die Mitarbeiter der Iran Air hätten aus Solidarität mit der Revolution die Arbeit eingestellt, die Zentralbank des Iran würde bestreikt und am internationalen Flughafen in Teheran würden keine Maschinen mehr abgefertigt. Aufgrund der Unsicherheit, die diese Nachrichten hervorriefen, entwickelte ich entsprechende Ausweichstrategien. Am Abend vor meiner Abreise weihte ich meine Mutter, die mich nach Teheran begleitet hatte, um sich von mir zu verabschieden, in meine Pläne ein. Ich sagte ihr, dass ich morgen auf jeden Fall Iran verlassen würde, wohin auch immer, ggf. nach Tokyo, Beirut, Athen oder Rom. Ich bat meine Mutter, mir fünftausend *Tuman*, das waren etwa tausendfünfhundert Mark, zu geben, um in der Lage zu sein, mir im Notfall ein Ticket in ein beliebiges Land zu kaufen. Sie gab es mir. Am nächsten Morgen war der Flug der Iran Air für acht Uhr terminiert und man musste um fünf Uhr morgens am Abfertigungsschalter erscheinen. Ich nahm ein Taxi und fuhr allein zum Flughafen. Am Flughafen angekommen, bot sich ein Gepäckträger an, meine Koffer zu tragen. Ich willigte ein. Kaum hatte er die Koffer angehoben, warnte er mich davor, dass meine Koffer zusammen mehr Gewicht hätten, als bei der Airline erlaubt. Gleichzeitig sagte er, dass es kein Problem für ihn sei und er es für mich regeln würde. Der Schalter der Iran Air war voll von Menschen und ich reihte mich dort ein. Erstaunlich schnell wurden die Passagiere abgefertigt. Ich bekam meine Boarding Card und der Gepäckträger stellte meine Koffer auf die Fließbandwaage. Die Koffer wurden abgenommen. Ich hatte plötzlich nicht mehr Gewicht als erlaubt. Ich war sehr überrascht und bezahlte dem Gepäckträger den Lohn, den er mir nannte. Wie hatte er es geregelt? Ich vermute, dass er die Koffer nur zum Teil auf das Fließband gelegt hatte und so das volle Gewicht nicht angezeigt wurde. Ich machte mir anschließend Gedanken, was passieren würde, wenn bei allen Passagieren ein falsches Gepäckgewicht angezeigt werden würde. Nun begab ich mich zum Gate und nahm in der Wartehalle des Fluges der Iran Air Platz. Ich schaute mich regelmäßig in der Halle nach Menschen um, als ob ich verfolgt würde. Vielleicht hatte es auch damit zu tun, dass ich nun nach Frankfurt reiste und kaum jemand außer meiner Familie davon wusste. Hätte mich jemand, der mich kannte, beispielsweise ein Arbeitskollege, gesehen, wäre er sehr überrascht gewesen und ich hätte mir schnell etwas Passendes einfallen lassen müssen. In der Wartehalle verlief alles zunächst normal. Alle Passagiere warteten angespannt auf die Ansagen des Flughafens, denn mittlerweile ging das Gerücht um, dass die Maschine der Iran Air nach Frankfurt vom Bodenpersonal nicht bedient werden würde. Das Bodenpersonal wolle verhindern, dass regimetreue Menschen das Land verlassen könnten. Dann kursierte ein weiteres Gerücht, dass ab jetzt gar keine Iran Air Maschine abgefertigt werden würde. Die nächste Flughafenansage war dann auch eine Bestätigung dieser Gerüchte und alle wartenden Passagiere wurden gebeten, sich in die Abfertigungshallen zurückzubegeben. Der Ansturm auf die Schalter der anderen Airlines begann. Ich kämpfte mich zur Warteschlange vor dem Lufthansaschalter durch und es waren noch vier Personen vor mir. In diesem Augenblick ertönte eine laute Stimme vom Lufthansaschalter, die verkündete, dass im Flug der Lufthansamaschine nach Frankfurt nur noch neunzehn Plätze frei seien. Tickets könnten nur gegen Barzahlung verkauft werden. Das war meine Stunde. Meine Ausweichstrategie zahlte sich voll aus und ich bezahlte das Ticket in bar von dem Geld, das ich am Abend vorher von meiner Mutter erhalten hatte. Das Geschrei der Menschen, die laut protestierten, weil sie mit Scheck zahlen wollten, war riesengroß. Nachdem ich ein Ticket für den Flug der Lufthansa nach Frankfurt ergattert hatte, war die Frage nach dem Gepäck, das nunmehr bei der Iran Air sein müsste, zu klären. Mir fiel schnell ein, dass der Gepäckträger von vorhin sicher eine Lösung wüsste. Also lief ich los und fand ihn vor dem Flughafen wieder. Ich beschrieb ihm mein Problem mit dem

Gepäck und er sagte sofort: „Kein Problem, das holen wir gleich." Dann gab er mir in Befehlsform zu verstehen, ihm zu folgen. Er ging zum Fließband meiner ursprünglichen Abfertigung an die Stelle, an der das Fließband in die angrenzende Gepäckhalle eintrat und die mit einer dicken Gummiplatte abgedeckt war. Er sprang auf das Fließband, das in dieser Zeit nicht mehr in Betrieb war und verschwand hinter die Gummiplatte. Dann hob er die Platte etwas hoch und sagte zu mir, dass ich es ihm nachmachen sollte. Ich folgte ihm mit meinem neuen, hellen Mantel, der sicher bei dieser Aktion Schmutzflecken bekam. Es war mir egal. Wir waren jetzt in einer riesigen Halle, in der Hunderte von Wagen mit Koffern und sonstigem Gepäck standen. Mit unglaublicher Fertigkeit suchte er nach meinem Gepäck und fand es in wenigen Minuten. Dann ging der Weg wieder zurück zu der Abfertigungshalle und auch am Schalter der Lufthansa wollte er das Gewicht manipulieren. Aber ich lehnte ab und gab ihm etwas Geld für seine Arbeit. Die fünfundvierzig Minuten in der

Wartehalle des Gates des LH-Fluges nach Frankfurt kamen mir endlos vor. Hier war jedoch kein Zweifel, dass das Bodenpersonal die Maschine bedienen würde. Als wenige Minuten nach dem Abheben der Maschine die Zeichen ertönten, dass die Sitzgurte nicht mehr geschlossen sein mussten und Rauchen erlaubt war, holte ich tief Luft und realisierte, dass ich Iran für immer verlassen hatte. Zwanzig Minuten später kam die Durchsage, dass die LH-Maschine den iranischen Luftraum soeben hinter sich gelassen hatte. An diesem Tag wartete meine Frau in Frankfurt in Begleitung ihres Cousins zuerst auf die Ankunft der Iran Air Maschine aus Teheran. Dann wurde auf der Ankunftstafel des Flughafens angezeigt, dass der Flug ausgefallen war. Nachdem diese Nachricht auch von Iran Air bestätigt worden war, hatte sie beschlossen, auf die Ankunft einer später aus Teheran kommenden Lufthansamaschine zu warten. Sie war davon überzeugt, dass ich es irgendwie schaffen würde. Als ich in Frankfurt endlich in die Ankunftswartehalle eintrat, fielen wir uns in die Arme und es kam mir vor, als ob ich einen Traum weiter träumte. Ich war überglücklich und dankbar. Ein neues Leben hatte angefangen.

Kapitel 12

Knapp zwei Wochen, nachdem ich wieder in Deutschland war, nahm ich im Januar 1979 vorübergehend meine alte Assistentenstelle an der Universität Bochum wieder auf und war meinem Professor äußerst dankbar für die schnelle Entscheidung und Umsetzung. Drei Monate später trat ich meine erste Arbeitsstelle in der freien Wirtschaft in Frankfurt/Hanau bei einer Firma für nukleare Ingenieur-Serviceleistungen an. Dies traf zeitlich zusammen mit dem Unfall im amerikanischen Kernkraftwerk *Three Mile Island* (TMI). Am achtundzwanzigsten

März 1979 ereignete sich im Block Zwei des Kernkraftwerkes ein Reaktorunfall. Im Verlauf des Unfalles, der im Hinblick auf seine sicherheitstechnische Bedeutung in INES 4 (*International Nuclear Event Scale*) eingestuft wurde, fiel der Reaktorkern trocken und ein Drittel der Brennstäbe schmolzen. Das Kernkraftwerk liegt am Susquehanna River in Pennsylvania bei Harrisburg. Der Unfall lief physikalischtechnisch etwa so ab: gegen vier Uhr löste der Ausfall der Hauptspeisewasserpumpen einen Turbinenschnellschluss aus. Das Druckhalter-Abblase-Ventil öffnete, der Reaktor wurde abgeschaltet. Das Schließen des Abblase-Ventils bei niedrigerem Druck schlug fehl. Wegen irrtümlich geschlossener Absperrventile zum Sekundärkreislauf dampften die Dampferzeuger vollständig aus. Notkühlkriterien wurden bei hundertzehn bar erreicht, die Hochdruckeinspeisung startete. Im Primärkreislauf erreichte das Kühlmittel den Sättigungszustand, im Reaktorkern wurde Dampf erzeugt. Nach anfänglichem Sinken erreichte der Wasserstand im Druckbehälter die obere Grenze des Anzeigebereiches. Daher schaltete das Personal die Hochdruckeinspeisung ab, um einen zu hohen Reaktordruck zu verhindern. Tatsächlich enthielt ein großer Teil des Reaktordruckbehälters nicht Flüssigkeit, sondern Dampf. Es kam als Folge zum Bruch der Berstscheibe im Druckhalter-Abblase-Behälter, so dass eine offene Verbindung zum Reaktorsicherheitsbehälter entstand. Später wurden die Kühlmittelumwälzpumpen wegen Vibrationen abgeschaltet. Die Ansammlung von Dampf an erhöhten Stellen des Primärkreislaufes verhinderte einen Naturumlauf im Reaktor zur Wärmeabfuhr an den Sekundärkreislauf. Das Fehlen der Kernkühlung führte in der Folge zur Überhitzung des Kerns und zur Schädigung und zum Schmelzen der Brennelemente. Die chemische Reaktion von Wasser mit den Zirkonhüllrohren erzeugte zusätzliche Wärme und produziert große Mengen Wasserstoff, der sich unterhalb des Behälterdeckels sammelte. Es gelang später, einen Kühlkreislauf wiederherzustellen. Ein Drittel des Kerns war zerschmolzen und auf den Boden des

Reaktordruckbehälters gefallen. Die offene Stellung des Druckhalter-Abblase-Ventils wurde entdeckt und geschlossen, damit wurde der Kühlmittelverlust beendet.

Meine erste Arbeit war es, die laufenden Meldungen aus den USA, die uns die amerikanische Mutter unserer Firma über Telex übersandte, zusammenzustellen und zu erläutern. Der TMI-Unfall eröffnete danach auf breiter Basis die Diskussion über die Gefahren und Risiken der Kernenergie weltweit. Umfangreiche technische Analysen und Risikostudien wurden in den USA, aber auch in der Bundesrepublik Deutschland erstellt. Dabei wurden die Risiken quantifiziert und die Möglichkeiten zu deren Reduzierung diskutiert. Für mich war das TMI-Ereignis der Beginn der Fokussierung auf Reaktorunfälle und Maßnahmen dagegen. In der Zeit bei der Firma in Hanau bzw. Frankfurt wohnte ich im Hotel, am Wochenende war ich bei meiner Familie. Vorübergehend wohnte meine Frau, die nun hochschwanger war, bei ihren Eltern. Im Juli 1979 wurde ich gegen fünf Uhr morgens von der Hotelrezeption mit der Nachricht geweckt, dass meine Frau mit Wehen im Krankenhaus war. Ich setzte mich ins Auto und fuhr mit der höchstmöglichen Geschwindigkeit ins Krankenhaus. Als ich ankam, war unser Sohn schon geboren worden. Die erste Zeit nach der Geburt musste meine Frau allein zurechtkommen.

Nach wenigen Wochen wechselte ich zur Gesellschaft für Reaktorsicherheit und wurde dort in die Projektleitung für das größte Projekt der Reaktorsicherheitsforschung mit dem Namen UPTF eingebunden. UPTF ist die Abkürzung für *Upper Plenum Test Facility* und wurde als gemeinsames Forschungsprojekt der Länder USA, Deutschland und Japan mit einem Gesamtkostenvolumen von einer Milliarde Mark durchgeführt. Das Ziel des Projektes war in erster Linie das genauere Verstehen der Kernkühlung in einem Druckwasserreaktor bei einem Kühlmittelverluststörfall und der Nachweis der

Funktionsfähigkeit der Sicherheitssysteme sowohl in amerikanisch-japanischen Anlagen als auch in den Anlagen, die von der Deutschen Kraftwerk Union errichtet wurden. Jedes der drei Länder übernahm ein Drittel der Kosten. Die Arbeitsteilung war folgendermaßen vorgesehen: die Bundesrepublik Deutschland solte die UPTF als großtechnische Modellversuchsanlage des oberen Plenums eines DWR im Maßstab eins zu eins bauen und die gemeinsam beschlossenen Experimente durchführen. Die Japaner verpflichteten sich, den Reaktorkern eines DWR im Maßstab ein zu eins in einer großtechnischen Modellversuchsanlage (CCTF) nachzubilden und die beschlossenen Experimente durchzuführen. CCTF steht für *Cylindrical Core Test Facility* und sollte neben dem besseren Verständnis der Thermohydraulik im Reaktorkern die Eingangsdaten für die UPTF liefern. Der Beitrag der USA bestand darin, für die deutschen und japanischen Versuchsanlagen und Experimente moderne neuentwickelte Messmethoden bereitzustellen und für die Auswertung der Ex-

perimente neue mehrdimensionale Computerpro-
gramme zu entwickeln. Die Koordination der notwendigen Arbeiten bei der Entwicklung der Ideen
und Anlagen sowie die Abstimmung zwischen den
drei Partnern über alle technischen Details in zahlreichen regelmäßigen Treffen in Deutschland, Japan
und USA erfolgte für Deutschland unter der Schirm-
herrschaft des Bundesministeriums für Forschung
und Technologie (BMFT) und der Projektträger-
schaft der Deutschen Gesellschaft für Reaktorsicherheit durch die Projektleitung, bestehend aus drei Personen, zu denen ich gehörte. Die UPTF wurde in
Mannheim errichtet und viele Jahre für Experimente
genutzt. Ende 1979 bot uns eine Nachbarin, die meine Frau gut kannte, ihr Haus zum Kauf an. Der Preis
war attraktiv und wir erwarben das Haus, das allerdings so für uns nicht bewohnbar war. Bei der Gene-
ralrenovierung des Hauses unterstützten uns Ver-
wandte und Bekannte tatkräftig und am Ende war
daraus ein gemütliches kleines Haus geworden.

Ich verließ die UPTF-Projektleitung nach der Vergabe des Errichtungsauftrages im Oktober 1981 und ging nach Kiel. In Schleswig-Holstein hatte der damalige Ministerpräsident große energiepolitische Ziele festgelegt. Neben den umfangreichen Arbeiten zur Anpassung des Kernkraftwerks (KKW) Brunsbüttel an den Stand der Wissenschaft und Technik befanden sich die KKWs Krümmel und Brokdorf im Bau. Die Kapazität des Landes an Fachleuten zur Begutachtung der Maßnahmen und zur Kontrolle der Begutachtung sowie zur Aufsicht über die Errichtung gemäß den erteilten Genehmigungen und die Einhaltung der Auflagen und Verordnungen waren erschöpft bzw. unzureichend. Man suchte daher bundesweit nach geeigneten Fachkräften und war bereit, die entsprechenden Gehälter zu zahlen. Dazu war eine landeseigene Kernenergiegesellschaft Schleswig-Holstein (KSH) als GmbH mit Sitz in Kiel gegründet worden. Ich wurde vom Staatsekretär als Aufsichtsratsvorsitzenden der KSH im damals für die Reaktorsicherheit und atomrechtliche Aufsicht zuständigen Ministerium interviewt und als Sachverständiger eingestellt. Nur sechs Wochen später kauften wir im Raum Kiel ein neues Haus und unterzeichneten beim Notar den Kaufvertrag. Das war an einem Donnerstag gegen siebzehn Uhr. Gleich nach der Unterschrift fuhren wir nach Aachen, wo wir am nächsten Tag gegen elf Uhr unser dortiges Haus verkauften und beim Notar alles offiziell erledigt wurde. Es wurde vereinbart, dass ein Teil des Kaufpreises vom Käufer bis Ende des Jahres bezahlt und der Rest einen Monat später. Der Käufer besuchte uns an einem Samstag gegen elf Uhr und übergab uns die erste Rate in Höhe von mehreren zehntausend Mark, die in einem kleinen Handkoffer verstaut waren. Nachdem das Geld gezählt und der Schlüssel des Hauses übergeben worden war, ging ich zum örtlichen Postamt der Siedlung und zahlte das Geld auf unser Konto ein. Es war fünf Minuten vor zwölf Uhr, das Amt, das aus nur einer Frau bestand, die diese Tätigkeit als Teilzeitarbeit ausführte, schloss um zwölf Uhr. Sie kannte mich und sagte, dass sie jetzt kaum Zeit habe, das viele Geld zu zählen, aber sie vertraue mir und bestätigte schließlich den Erhalt. So waren die Menschen in einer kleinen Gemeinde.

Meine erste Arbeit bei der neuen Firma war die Teilnahme an dem Erörterungstermin zum KKW Brokdorf in Michaelisdonn, in dem die Bürger aus der Umgebung des Kraftwerkes die Möglichkeit erhielten, ihre Bedenken und Fragen zu stellen und sachlich beantworten zu lassen. In Brokdorf waren die schlimmsten Schlachten zwischen den randalierenden Gegnern der Kernenergie und der Polizei vorausgegangen. Deshalb war die Stimmung vor dem Erörterungstermin sehr angespannt. Eine Hundertschaft der Polizei war in den Nebenräumen des Saales, in dem der Termin stattfand, in Bereitschaft und sollte zum Schutz der Behördenvertreter und Sachverständigen sowie der teilnehmenden Mitarbeiter der Kraftwerksbetreiber und des Herstellers eingreifen. Wie in Szenarien vorher angedacht stürmten die sich im Saal eingefundenen Protestierer auf den

Tisch des Verhandlungsleiters zu und es kam zu Handgemengen und Beschimpfungen. Jetzt schritt die Polizei ein und die Protestierer wurden des Saales verwiesen und von der Verhandlung ausgeschlossen. Der Erörterungstermin dauerte zwei Tage, wobei am ersten Tag bis in die Nacht verhandelt wurde.

Bei der Kernenergiegesellschaft Schleswig-Holstein war ich hauptsächlich mit Fragen zur Reaktorsicherheit befasst, die aus diversen Gutachten ungeklärt im Raum standen und die Errichtung der Anlagen bremsten. Mit dem Weggang von Ministerpräsident Stoltenberg von Kiel nach Bonn als Bundesfinanzminister folgte mit Barschel als dem neuen Ministerpräsidenten Schleswig-Holsteins eine langsame Änderung in der Atompolitik des Landes. 1986 kam es im Kernkraftwerk Tschernobyl zum größten bis dahin bekannten Reaktorunfall. Die ambitionierten Pläne von Stoltenberg wurden beiseitegelegt. Die Kernenergiegesellschaft Schleswig-Holstein wurde privatisiert und an ein Ingenieurunternehmen aus der Schweiz verkauft. Das Land Schleswig-Holstein behielt eine kleine Beteiligung an der neuen Firma, die nun für die Regierung in Kiel als Gutachter neben anderen Gutachtern agieren sollte.

Eine der interessantesten Arbeiten, mit denen ich mich als Sachverständiger nach § 20 Atomgesetz für die atomrechtliche Genehmigungs- und Aufsichtsbehörde in Kiel befasste, war die Erstellung eines Gutachtens zu einem grundsätzlichen Problem beim Siedewasserreaktorkonzept. Beim SWR muss bei einem Ausfall der Wärmesenke (Turbine, Kondensator) der durch die Nachwärme weiter entstehende Dampf in der Wasservorlage der Kondensationskammer des Reaktorsicherheitsbehälters niedergeschlagen werden. Mit dem Dampf werden auch nicht kondensierbare Gase wie Wasserstoff aus dem Reaktor in die Kondensationskammer (*Wetwell*) überspült. Sie sammeln sich im Volumen oberhalb der Wasservorlage, das jedoch nicht sehr groß ist. Damit würde der Druck in der Kondensationskammer stetig ansteigen. Um eine Beschädigung oder gar Zerstörung des Sicherheitsbehälters zu verhindern, muss gezielt eine Verbindung vom Luftraum der Kondensationskammer zur Druckkammer (*Drywell*) hergestellt werden, damit die Gase in das wesentlich größere Volumen der Druckkammer entweichen können. Diese für die Sicherheit essentiell wichtige Verbindung darf aber beim Betrieb des Reaktors nicht dauerhaft vorhanden sein, da sonst ein Kühlmittelstörfall nicht zu beherrschen wäre. Die Realisierung dieses technischen Details hatte bei der gerichtlichen Verhandlung über eine der beklagten Teilgenehmigungen für das Kernkraftwerk Krümmel vor dem Oberverwaltungsgericht Lüneburg das besondere Interesse des vorsitzenden Richters geweckt. Er hatte bemängelt, dass sich die Landesregierung Schleswig-Holstein nicht ausreichend mit dem Thema auseinandergesetzt hätte und bezweifelte, dass die im Fall Krümmel zum Einsatz kommende Konstruktion die beste gewesen sei. Ich erhielt von der atomrechtlichen Genehmigungs- und Aufsichtsbehörde in Kiel den Auftrag, eine vergleichende Analyse der weltweit realisierten Verbindungsvorrichtungen zu erstellen. Das Gutachten sollte u. a. bei einem Versagen der Genehmigung durch das OVG Lüneburg die Klage der Landesregierung beim Bundesverwaltungsgericht in Berlin vorbereiten. Im Rahmen dieser Arbeit führte ich zahlreiche Fachgespräche mit den Herstellern und Betreibern von SWR-Kernkraftwerken in den USA, Japan, Schweden und der Schweiz. In San Francisco war ich bei der Firma Bechtel, die am Bau von vielen KKWs beteiligt war und ließ mir das Für und Wider ihrer technischen Version erläutern. Das gleiche tat ich mit der Firma *General Electric* in San Jose, Kalifornien (USA). Von dort reiste ich nach Chicago, wo ich mit Experten von *Sargent & Lundy*, der größten Gutachterorganisation der USA, zusammentraf. Dann sah ich mir in einem im Bau befindlichen Kernkraftwerk an dem Susquehanna River nahe bei Harrisburg in Pennsylvenia die amerikanische Verbindungskonstruktion in der Realität an und führte danach Gespräche mit Experten der amerikanischen Atomenergiebehörde USNRC (*Nuclear Regulatory*

Commission) in Washington. Als nächstes reiste ich zur Firma Asea Atom nach Västros in Schweden und informierte mich über die in schwedischen Anlagen eingebaute Konstruktion aus erster Hand. Die nächste Reise führte mich in die Schweiz, um deren Version der Druckentlastung der Kondensationskammer kennenzulernen. Als Letztes setzte ich mich mit den japanischen Anlagen auseinander. Hierzu nutzte ich meinen Kontakt zu einem Professor in Japan, der eine hohe Funktion in der Japanischen Atomenergiekommission hatte, um detaillierte Informationen zu erhalten. Ich besuchte ihn zunächst im Kernforschungszentrum JAERI (*Japan Atom Energy Research*) in Mito ungefähr zweihundertfünfzig Kilometer nördlich von Tokyo. Hier lernte ich auch das normale Leben in Japan kennen. Gegenüber Deutschland waren die Arbeitsbedingungen wesentlich schlechter. Als ich im Arbeitszimmer des Professors saß und mit ihm diskutierte, kamen ständig Leute ins Zimmer und nahmen sich Wasser aus dem dort an einer Ecke neben der Tür installierten

Waschbecken. Als er merkte, dass ich bei jedem Eintreten einer Person hinüberschaute und dann um Wiederholung dessen bat, was er gerade gesagt hatte, gestand er mir, dass dieses Waschbecken das einzige auf der ganzen Etage sei und die Mitarbeiter sich Wasser zum Teekochen holten. Am zweiten Abend in Mito lud er mich zum Abendessen in ein japanisches Restaurant ein. Ich hatte ihm als Geschenk eine Flasche Whisky, die ich bei einem Zwischenstopp in Anchorage gekauft hatte, gegeben. Der erste Gang beim Essen bestand aus rohem Fisch. Als ich darauf biss, blieb mir die Spucke weg und ich war dabei, mich zu übergeben. Er lachte und sagte: „Throw up!"; das habe bisher jeder seiner Gäste aus Deutschland gemacht. Nach Besichtigungen von technischen Entwicklungen, die mit dem Thema zusammenhingen machte ich mich auf den Weg nach Tokyo, wo ich beim größten japanischen SWR-Hersteller *Hitachi Company* ein Fachgespräch führen konnte. Das Gespräch dauerte mehrere Stunden und mir saßen neunzehn Mitarbeiter von Hitachi gegenüber, um meine Fragen zu beantworten. Das ist typisch japanisch, da man als Mitarbeiter immer nur für ein kleines Detail zuständig ist. Wenn ich eine Frage stellte, regelte deren Gruppenleiter, ob und wer sie beantworten sollte. Die Mitarbeiter, die ich direkt angesprochen hatte, hatten für mich nur ein schüchternes Lächeln über. Außerhalb des Fachgespräches haben mir viele Japaner ihr Leid und ihre Ablehnung dieses hierarchischen Systems zum Ausdruck gebracht und mich beneidet, dass ich allein für eine so wichtige Frage Verantwortung trug.

Nach den Unfällen in *Three Mile Island* und Tschernobyl wurde ein Ereignis mit einem Kernschmelzen in deutschen Kernkraftwerken nicht mehr ausgeschlossen. Der Unfall im Kernkraftwerk Tschernobyl unterscheidet sich in jeder Hinsicht von dem TMI-Unfall. In Tschernobyl sollte überprüft werden, ob nach dem Abschalten der Turbine die Rotationsenergie ausreicht, um ausreichend Strom zu erzeugen, bis die Notstromaggregate laufen. Der

Reaktor war im Betrieb, das Notkühlsystem und weitere Sicherheitseinrichtungen wurden abgeschaltet. Bei der Versuchsdurchführung kam es zu erheblichen Instabilitäten. Anstatt den Reaktor abzuschalten, versuchte man die Leistung zu erhöhen. Wegen der Besonderheit des Reaktors vom Typ RBMK (graphitmoderiert, Wasser gekühlt) kam es zu einem rapiden Anstieg der Reaktorleistung und infolgedessen zu Explosionen und Brand des Graphitblocks. Große Mengen radioaktiver Stoffe wurden freigesetzt. Das Ereignis führte zu Besorgnis in der ohnehin skeptischen, die Kernenergie ablehnenden deutschen Bevölkerung und sogar der konservativen Politiker. Für die beiden Anlagen Krümmel und Brokdorf, die sich noch in der Errichtungsphase befanden, mussten technische Maßnahmen realisiert werden, die einen Unfall noch unwahrscheinlicher machten. Außerdem wurde als Grundvoraussetzung für die Betriebsgenehmigung ein Notfallplanungskonzept verlangt. Im Rahmen meiner Sachverständigentätigkeit im Auftrag der atomrechtlichen Genehmigungs-

und Aufsichtsbehörde in Kiel wurde erstmalig in Deutschland ein Notfallkonzept gemeinsam mit dem Betreiber für das KKW Krümmel entwickelt. Im Fall Brokdorf musste erstmalig in das Notfallkonzept die technische Möglichkeit der Druckentlastung des Reaktorsicherheitsbehälters nach einem angenommenen Kernschmelzunfall (sog. Wallmann-Ventile, benannt nach dem derzeitigen Bundesumweltminister im Kabinett von Helmut Kohl) noch vor der Inbetriebnahme des KKW realisiert werden. Später habe ich im Rahmen meiner Sachverständigentätigkeit das Notfallkonzept weiter entwickelt und in Brokdorf und anderen Anlagen das technische Personal für den Eventualfall geschult und in Notfallübungen trainiert.

Nach dem Barschel-Skandal wurde in Kiel durch eine rot-grüne Koalition ein Regierungswechsel herbeigeführt. Ein wesentliches Ziel der neuen Regierung unter Björn Engholm war der rasche Ausstieg aus der Kernenergie. Der zuständige Minister für die

Reaktorsicherheit wurde ein radikaler Kernenergie-gegner als Sozialminister. Er gab die Devise aus, binnen zwei Jahren die drei Kernkraftwerke in Schleswig-Holstein stillzulegen. Hierfür wurden zahlreiche Kernenergiegegner, darunter Grüne und unzufriedene TÜV-Mitarbeiter, als Beamte, Ange-stellte oder Berater, in die Abteilung Reaktorsicher-heit in Kiel berufen. Sie behaupteten, viele essentiel-le Schwachpunkte in den Anlagen zu kennen, so dass man ihnen auf diese Weise die Genehmigungen leicht würde entziehen können. Diese Leute erzeug-ten eine Atmosphäre des Unfriedens und der Un-sachlichkeit im Umgang mit dem Personal der drei KKWs. In Unmengen von Schreiben wurden immer neue Vorwürfe gegen die Betreiber erhoben. Die Beantwortung der größtenteils unzutreffenden Inhal-te beschäftigte das KKW-Personal erheblich. Die Suche der Mitarbeiter der Atomaufsichtsbehörde und deren Gutachter in den Archiven der Anlagen nach angeblichen versteckten Mängeln blieb erwartungs-gemäß ohne Befunde. Von mir als dem Sachverständigen für die Notfallplanung in den Kraftwerken wurde ohne jede Scheu verlangt, ein Unfallszenario für das Kernkraftwerk Krümmel zu entwerfen und in einer Notfallübung zu zeigen, dass der Unfall Tausende von Toten in Hamburg-Bergedorf zur Folge haben würde. Damit wollten sie einen Vorwand finden, die Betriebsgenehmigung für das Kernkraftwerk Krümmel zu widerrufen. Als Entgegenkommen wurden viele neue Aufträge in Aussicht gestellt. Nach diesem Gespräch blieb mir persönlich nichts anderes übrig, als meinen Arbeitsvertrag bei der Firma zu kündigen, da ich mich nur meinem Wissen und Gewissen verpflichtet fühlte. Damit beendete ich meinen Dienst als Sachverständiger der atomrechtlichen Genehmigungs- und Aufsichtsbehörde.

Schon längere Zeit vorher hatte ich begonnen, über die eigene berufliche Selbständigkeit nachzudenken und Vorbereitungen dafür zu treffen. Dazu gehörte es unter anderem, an Beratungskursen der Industrie und Handelskammer teilzunehmen. Eine weitere

wichtige Voraussetzung war, dass meine Frau mit-
machte. Denn die Kinder gingen zur Schule und die
finanzielle Sicherheit musste gegeben sein. Wir spar-
ten eine größere Summe an, so dass im Falle eines
Misslingens des Unternehmens keine finanzielle
Schwierigkeit entstehen konnte. Im März 1990 war
es dann soweit. Ich gründete mit einem ehemaligen
Kollegen das Ingenieurunternehmen FSI. In einem
Kellerraum meines Hauses fing die Tätigkeit der FSI
an. Wir bekamen die ersten Aufträge und es folgten
weitere. Nach etwa einem Jahr hatten sich jedoch
unsere Positionen in den grundsätzlichen Fragen der
Führung des Unternehmens so weit auseinanderent-
wickelt, dass ein Fortbestehen nicht mehr sinnvoll
war. Wir einigten uns, gütig auseinander zu gehen
und die Gesellschaft wurde später aufgelöst.

Ich setzte meine selbständige Tätigkeit als Berater
für die Nuklear-Anlagen fort. Mein Ingenieurunternehmen hatte bald mehrere Mitarbeiter und war in
der gesamten Zeit bis 2007 voll beschäftigt. Die Bü-

roorganisation einschließlich der internen Buchhaltung übernahm meine Frau, so dass ich mich gut um die technischen Belange kümmern konnte. Schwerpunkte der Arbeiten der Firma waren sicherheitstechnische Analysen, Erstellen von technischen Anweisungen und Handbüchern zur Gestaltung von Arbeitsprozessen in den Kernkraftwerken, Unterstützung bei der Verfolgung und Nachweisführung von Auflagen und Nebenbestimmungen im Rahmen der atomrechtlichen Genehmigungs- und Aufsichtsverfahren, systematische technische Dokumentation sowie Notfallplanung in den Kernkraftwerken für Ereignisse, die die Grenzen der Auslegung überschreiten könnten. Der Tod einer Mitarbeiterin im Jahr 2000 hat mich sehr erschüttert. Sie war meine erste Mitarbeiterin und kam aus Greifswald, wo sie als Schichtleiterin im dortigen DDR-Kernkraftwerk gearbeitet hatte. Als eine der besten Abiturienten ihres Jahrganges hatte die Regierung der DDR ihr ein Kerntechnikstudium in Moskau ermöglicht. Ein Arztbesuch endete mit einer Einweisung ins Krankenhaus und einer sofortigen Operation. Die Krebs-erkrankung hat sie nicht überlebt. Keiner der Mitar-beiter oder Menschen, die mit ihr ständig in Kontakt standen, hatten jemals etwas bemerkt. Für uns war es ein schwerer Schock.

Ich persönlich war neben den Arbeiten für die Kern-kraftwerke auch noch als Sachverständiger nach Pa-ragraph 20 des Atomgesetzes Berater der Atomauf-sichtsbehörde in Berlin. Hier ging es darum, der atomrechtlichen Genehmigungs- und Aufsichtsbe-hörde bei den sicherheitstechnischen Fragen beim Forschungsreaktor der Helmholtz-Gesellschaft (ehemals Hahn-Meitner-Institut) als Sachverständi-ger zur Seite zu stehen. Dies umfasste auch den Sachbeistand bei Gerichtsprozessen, die die Gegner des Forschungsreaktors angestrengt hatten. In dieser Zeit wurde der Forschungsreaktor für die Bedürfnis-se neuer und international wichtiger Experimente aufgerüstet. Dazu wurde die Leistung des Reaktors von fünf Megawatt auf zehn Megawatt gesteigert.

Auf diese Weise waren höhere Neutronenflüsse zu erreichen. Ferner wurde eine sogenannte Kalte Neutronenquelle realisiert. Die sicherheitstechnischen Fragen, die sich im Zusammenhang mit diesen Änderungen ergaben und die Proteste der Bevölkerung gegen einen weiteren Betrieb der Forschungstätigkeit haben viele Jahre gedauert und waren sehr zäh, aber auch hochinteressant. Im Rahmen meiner Beratertätigkeit war ich von 1985 bis 2005 regelmäßig in Berlin. In der Zeit vor der Wiedervereinigung durfte ich aus Sicherheitsgründen nur fliegen. Wenn ich in Berlin war, hatte ich immer das Gefühl, dass der bestehende Zustand mit der Mauer rund um Berlin ein sehr künstliches Gebilde darstellte und niemals für immer sein könnte. Technische Fragen und Probleme, die z. B. im Zusammenhang mit dem Notfallkonzept für ein Ereignis im Forschungsreaktor mit Aktivitätsfreisetzung verbunden waren und wegen der Nähe des Hahn-Meitner-Instituts in Berlin Wannsee auch im Zusammenhang mit den Wohngebieten auf der DDR-Seite der Mauer standen, konnten nicht direkt mit den Behörden der DDR besprochen werden, sondern mussten über die *The Allied Commandatura of Berlin* als die regierende Instanz von Ganzberlin (Amerikaner, Briten, Franzosen und die Sowjetunion) weitergegeben werden und wurden selten von der DDR beantwortet.

In dieser Zeit habe ich einmal jemanden in Ost-Berlin besucht. Ich hatte ein paar Bananen, ein Pfund Kaffee und Schokolade gekauft und wollte über die Übergangsstelle Bahnhof Friedrichstraße nach Ost-Berlin. Wie damals in der DDR üblich wurde ich in einen Raum geführt und über meinen Besuch befragt. Dann musste ich alles, was ich bei mir trug, auf den Tisch legen. Darunter waren drei Essensmarken, die meine damalige Firma für das Mittagsessen ausgegeben hatte. Man konnte sie in den Gaststätten abgeben und es wurden jeweils zwei Mark berücksichtigt. Sie waren nummeriert. Über diese Essensmarken und die darauf stehende Nummer hat mich der DDR-Grenzkontrolleur mehr als eine Stunde lang befragt. Um achtzehn Uhr war ich dort angekommen und um neunzehn Uhr stand ich noch immer da. Zwischendurch habe ich ihm zu verstehen gegeben, dass ich meinen Besuch aufgeben möchte, da es zeitlich nicht mehr lohnte. Er war nicht zu bewegen. Erst gegen neunzehn Uhr dreißig war ich in Ost-Berlin. Nie wieder habe ich Ost-Berlin betreten wollen. Im Jahr des Mauerfalls war ich mit meiner Frau und unseren Kindern in Berlin. Ich fuhr mit ihnen zum Brandenburger Tor. Dort war eine Hochtribüne aufgebaut, von der aus Besucher auf die andere Seite der Mauer blicken konnten. Ich habe zu meinen Kindern gesagt: „Seht euch alles gut an, denn irgendwann wird es diese Mauer nicht geben und ihr werdet Zeitzeugen einer historischen Einmaligkeit sein." Gorbatschows Perestroika war in vollem Gange. Dann fiel die Mauer. Die Menschen nahmen sie Stück für Stück auseinander. Die deutsche Geschichte hat mich immer interessiert. Je mehr ich mich damit beschäftigte, desto mehr gewann ich die Gewissheit, dass sich das deutsche Volk in der

NS-Zeit eines großen Verbrechens schuldig gemacht hat. 1970 war ich in München und habe einen Verwandten meiner Frau in Dachau besucht. Als ich erzählte, dass ich das Konzentrationslager Dachau besuchen wollte, wandte er energisch ein, dass das alles eine Lüge sei. Der Eingang, die Baracken und das Krematorium zum Verbrennen der Leichen erzählten aber wahre grausame Geschichten. Mein Besuch des Konzentrationslagers Dachau im Jahr 2011 war noch entsetzlicher. Die Dokumentation belegte Punkt für Punkt, was dort geschehen war. Ein Besuch des jüdischen Museums in Berlin machte mir klar, dass man auch als eingewanderter Deutscher die Pflicht hat, diesen Teil der deutschen Geschichte zu kennen und vor Vergessen zu bewahren.

Anfang 2007 übernahm ein schwedischer Konzern mit Sitz in Stockholm meine Firma. Das Hauptgebiet der Tätigkeiten des schwedischen Konzerns in Deutschland betrifft Dienstleistungen im Strahlenschutz und beim Rückbau von nuklearen Anlagen.

Mit dem Kauf meiner Firma begann der schwedische Konzern in Deutschland die Ingenieurdienstleistungen in den Mittelpunkt der Unternehmensstrategie zu stellen und hat später weitere kleine Firmen übernommen.

Am elften März 2011 erschütterte ein Erdbeben der Stärke neun den Norden der japanischen Hauptinsel Honshu. Im Kernkraftwerk Fukushima Daiichi mit seinen sechs Siedewasserreaktoren (Block eins bis vier) ging die Anbindung an das öffentliche Stromnetz verloren. Die Blöcke eins bis drei waren zu diesem Zeitpunkt im Betrieb und wurden abgeschaltet. Die Blöcke vier bis sechs waren wegen der Revision außer Betrieb. Durch den auf das Erdbeben folgenden Tsunami fiel zusätzlich die Notstromversorgung in den Blöcken eins bis vier aus. In den Blöcken fünf und sechs waren Teile der Notstromversorgung auch ausgefallen. Zusätzlich zum Ausfall der Notstromversorgung fiel auch die Notkühlwasserversorgung durch Beschädigungen an Pumpen und Schaltanlagen in Folge des Tsunamis aus. Der Ausfall der Notstromversorgung und der Nebenkühlwasserversorgung führten in den Blöcken eins bis drei zum Ausfall der Kernkühlung und der Lagerbeckenkühlung. Da es keine Wassereinspeisung gab, kam es zur Überhitzung der Reaktorkerne und in der Folge zum Schmelzen der Brennelemente. Es ereigneten sich in den folgenden Tagen nach dem Erdbeben mehrere Wasserstoffexplosionen mit Zerstörungen in den Reaktorgebäuden der Blöcke eins bis vier. Der Wasserstoff hatte sich durch die Reaktion von Wasserdampf mit den überhitzen Hüllrohren der Brennelemente gebildet. Der Unfall in Fukushima wurde in INES 7 eingestuft. Als Folge des Unfalls wurden große Mengen radioaktiver Stoffe freigesetzt. Der Unfall in Fukushima wäre vielleicht vermeidbar gewesen, wenn man die älteren Reaktoren Blöcke eins bis vier rechtzeitig aus dem Betrieb genommen hätte. Die Notstromversorgung war für die in Japan nicht seltenen Tsunamis nicht richtig konstruiert. In der

Notfallplanung war der komplette Energieausfall als Szenario nicht berücksichtigt.

Die Reaktion der Bundesregierung und besonders der Bundeskanzlerin auf die Ereignisse in Fukushima war gewaltig. Alle Siedewasserreaktoranlagen mit nur einer Ausnahme sowie alle älteren Anlagen wurden per Dekret stillgelegt. Später wurde das deutsche Atomgesetz geändert und das Betriebsende für alle deutschen Kernkraftwerke festgeschrieben. Dieselbe Bundesregierung hatte nur kurz zuvor aus Überzeugung von der Sicherheit der deutschen Anlagen Verlängerungen der Betriebszeiten beschlossen. Für den Machterhalt gilt offensichtlich tatsächlich das Motto „Was kümmert mich mein Geschwätz von gestern?". Die in Deutschland noch laufenden Druckwasserreaktoren sind in bestem Zustand und gehören im internationalen Vergleich zu den zehn Besten. Trotz der überraschend guten Erfahrungen mit der Stromgewinnung aus Windkraftwerken ist es aus meiner Sicht nicht sinnvoll, diese Anlagen in den nächsten zehn Jahren auslaufen zu lassen. Sie könnten für das Gelingen der Energiewende auf erneuerbare Energien einen sinnvollen Beitrag leisten, um die Kosten für die Verbraucher in erträglichem Rahmen zu halten.

Die Zeit nach dem Umzug nach Norddeutschland hat mich sehr geprägt. Ich bekam hier zum ersten Mal in meinem Leben das Gefühl, eine Heimat zu haben. 1984 gab ich meine iranische Staatsangehörigkeit auf, da mir die Staatsangehörigkeit der Bundesrepublik Deutschland zugesprochen worden war. Ich wollte auf keinen Fall mehr ein Bürger der islamischen Republik Iran sein. Als absurd und zutiefst rückwärtsgewandt, menschenverachtend und frauenfeindlich empfand und empfinde ich auch heute das etablierte theokratische System. Im Gegensatz dazu setzte ich meinen Weg der Assimilation auf allen möglichen Lebensbereichen vehement durch. Es war für mich eine Notwendigkeit, die deutsche Geschichte kennenzulernen. Unabdingbar ist damit auch die

Kenntnis von der Geschichte der national sozialistischen Gewaltherrschaft und der Vernichtung der Juden. Zur deutschen Geschichte gehört auch die deutsche Literatur, die klassische Musik, die Geschichte der Wissenschaften und der technischen Entwicklung in Deutschland, um nur einige Kulturbereiche zu nennen. Auch bei der Erziehung unserer Kinder, die beide in Deutschland geboren sind, haben wir darauf geachtet, dass sie eine humanistische Bildung erfahren.

Das Grundgesetz der Bundesrepublik Deutschland, meiner neuen Heimat mit seinen wunderbaren Elementen der Freiheit der Rede, der Religion, der Menschenrechte, der Gleichheit von Mann und Frau usw. betrachte ich als das kostbarste Geschenk in meinem Leben.

In einer Retrospektive betrachtet war mein Leben immer vom Glück begleitet. Ich hatte das Glück, in einer liberalen Familie geboren zu sein. Ich hatte das Glück, eine schöne und unbekümmerte Kindheit und

Jugend zu verbringen. Ich hatte das Glück, in die Schule gehen zu können. Ich hatte das Glück, das Fach meiner Wahl zu studieren. Ich hatte das Glück, eine nette und liebenswürdige Frau zu heiraten und mit ihr bis heute fünfundvierzig Jahre eine gute Ehe mit Respekt füreinander zu führen. Ich habe das Glück, zwei nette Kinder und zwei niedliche Enkel zu haben. Ich hatte das Glück, eine selbständige berufliche Existenz aufzubauen. Ich hatte das Glück, in Deutschland eine wirkliche Heimat zu finden. Ich bin stolz, dass über mich und meine Familie das Grundgesetz der Bundesrepublik Deutschland gespannt ist. Ich fühle mich heute voll in die deutsche Gesellschaft integriert und wünsche, dass viel mehr eingebürgerte Menschen den Weg der Assimilation für sich wählen, um in der neuen Heimat auch wirklich anzukommen.

In Deutschland werden jährlich über hunderttausend Menschen eingebürgert. Diese Zahlen werden sich in den nächsten Jahren und Jahrzehnten möglicherweise vergrößern. Die Einwanderer stammen aus sehr unterschiedlichen Ländern, Kulturen, Sprachen, Ethnien und Traditionen. Dass man mit dem Erwerb der deutschen Staatsangehörigkeit selbstverständlich und automatisch das Grundgesetz der Bundesrepublik Deutschland annimmt und beherzigt und als eine Richtschnur seiner weiteren Lebensgestaltung in Deutschland zugrunde legt, ist nicht die Realität und Normalität. Das zeigt sich unter anderen darin, dass bei den Eingebürgerten oft von Menschen mit einem deutschen Pass gesprochen wird. Von der offiziellen Seite gibt man sich damit zufrieden, wenn die einge-deutschten Emigranten mindestens die deutsche Sprache erlernen. Nicht in seltenen Fällen antworten die Eingebürgerten auf die Frage, was für sie die Heimat bedeutet, dass sie damit das Land, in dem ihre Eltern geboren sind bzw. woher sie einst kamen, verbinden. Die Religion wird bei vielen aus mosle-mischen Ländern emigrierten Menschen im Verhält-nis zum Ursprungsland übermäßig betont. Man sie-delt sich gern dort an, wo Menschen mit ähnlichen

Hintergründen leben. Es bilden sich Parallelgesellschaften mit eigenen Geschäften, Restaurants, Cafés, *Medical Care Centers*, Anwaltskanzleien, Sportvereinen, Moscheevereinen. Das ist unter anderem eine Folge des massiven Propagierens der multikulturellen Gesellschaft seitens bestimmter Gruppierungen in der Bundesrepublik Deutschland. Heute stehen eher die materiellen Vorteile, die mit dem Erwerb der deutschen Staatsangehörigkeit verbunden sind, im Mittelpunkt der Betrachtungen. Von der offiziellen Seite, nämlich seitens der Administration und der Industrie wird angesichts der demografischen Entwicklung in der Bundesrepublik das Potenzial zur Rekrutierung von Arbeitskräften stark betont. Diese Denkweise wirkt dem Ziel der Integration der eingebürgerten Menschen in die deutsche Gesellschaft entgegen. Die multikulturelle Gesellschaft ist heute weiterhin nur ein Traum und damit als gescheitert anzusehen. Will man die eingebürgerten Menschen wirklich integrieren, so geht dabei kein Weg an eine weitgehende Assimilation vorbei. Dieser Begriff ist vielleicht mit Ressentiments assoziiert und muss besser und verständlicher erklärt werden, damit mehr Menschen diesen Weg einschlagen.

Zeitfracht Medien GmbH
Ferdinand-Jühlke-Straße 7
99095 Erfurt, Deutschland
produktsicherheit@kolibri360.de